人を
動かす
秘密の
[illegible]とは

日本実業出版社

まえがき

いろいろな人とマジックの話をすると、「マジックで失敗したことはありますか？」とよく聞かれます。どんな職業でもそうですが、失敗は必ずあります。しかし、マジックが他と違うのは、マジックは外側から見て失敗がわかりにくいことです。なぜなら、マジシャンは途中で失敗に気がついたら、ほとんどの観客に気づかれずにトリックの内容を変更することができるからです。

しかし、マジシャンにとって、言葉での失敗は万人の知るところとなります。トランプの順番をすべて記憶できそうなマジシャンが、一人の観客の名前を間違えてしまえば、苦笑いされるでしょう。セリフの選択を間違っただけで観客に不快に思われ、ショー全体が失敗に終わってしまったマジシャンは歴史の中に幾人もいます。

マジックの秘密を少しだけ話すと、マジシャンにとって言葉は、観客を魔法の世界へ連れていくための重要なアシスタントでもあります。ときには、観客の気分を良くさせるために、あるいはマジックの秘密を知られないため、演技者としてのバックグラウンドや性格を知ってもらうために言葉は使われます。なおかつ、観客やクライアントと誠実な関係をつくらなければなりません。

そんなマジシャンのセリフの特質は、何もこの職業に限ったことではありません。多くの人にとっては、言葉は毎日のように使い、対話し、自分を印象づけるものであり、同時に相手の言葉に感情を動かされます。たった一言で誰かを好きにさせたり、人間関係を壊したりしてしまうのはご存じの通りです。

もうひとつのマジシャンの仕事の特異性は、いろいろな場所でさまざまな人々と出会えることです。飛行機を待つあいだ、空港の待ち合い席でパスポートのスタンプを眺めると、「よくもまぁ、これだけ行ったものだ」とあきれるほどです。しかし、本当に財産といえるのは、そのスタンプではなく、その国や街で出会った文化や価値観の違う人々との交流から学んだことです。

そんなふうに、外から日本を眺めてみると、日本語としての言葉の大切さを実感します。同じ意味でも言葉を選ぶことによって、聞く人の感情は大きく変わります。スタンプは増えなくとも、日本ではマジックの仕事を選んだからこそ出会えた人、経験できたこともたくさんありました。

そんな人々の中に、一言で相手の心をつかんでしまう魅力的な人がいます。熱弁するでもなく、過度なお世辞をいうわけでもないのに、まるで秘密の呪文を唱えたように、相手を知らないうちに夢中にさせます。

〈心をつかむ人の言葉や振る舞いを注意して観察すると、いくつかのルールが存在することに気がつきます。本書は、そんな言葉の使い方やパラ・ランゲージ（周辺言語）を紹介しました。

この本で解説した言葉遣いは、すべて自分で実践して、効果の大きかったモノを選びました。マジックだけにとらわれず、脳生理学、英語、歴史、行動学、ファッションにまで話が及んでいます。そんな場合は、できるだけ広く受け入れられている資料や最新の情報を拠《よ》り所にしたつもりです。

本書をお読みいただいたことで、少しでも言葉に対するプレッシャーから解放されて、人と会うことが楽しくなり、皆さんが成功することを祈って。

前田知洋

二〇〇七年十月

Contents

人を動かす秘密のことば
なぜあの人は心をつかむのが上手いのか

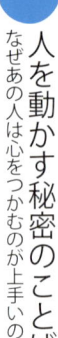

Part3

秘密の力、パラ・ランゲージ

Part4

言葉遣いと服装も大事な要素

Part 5

相手との距離を縮めるサイン・ランゲージ

Part6

上手に秘密を隠すためには？

カバーデザイン／渡邊民人（TYPEFACE）
本文DTP／ムーブ（武藤孝子）
本文イラスト／江田ななえ
著者写真撮影／矢野信夫

Part 1

言葉の量を考える

Number 01

マジシャンは話しすぎない

タネもシカケもないハンカチ

私が子供の頃、マジックといえばこんなふうに始まりました。

「タネもシカケもないハンカチがあります……」

その頃の私は、マジックの知識がありませんので、実際にハンカチにシカケがあったのか、なかったのかはわかりません。けれども、このセリフは、現代のマジシャンには、あまり使われなくなりました。

その最大の理由は、「タネやシカケがない」と、あえてセリフをいうことによって、ハンカチにシカケがあることを観客に想起させてしまうからです。たとえば、街頭で

タネもシカケもありません

いきなり「ボクはアヤシくありません」としゃべり始める人がいたら、とてもアヤシい人に思えることに似ています。実際に、その人が不審人物かそうでないかは別として、それを見たほとんどの人が警戒をするということです。

この話の教訓は、「余分なことをいわない」ということです。近代社会では、量を多くすることを善しとする価値観が登場して、だいぶ時間がたちます。少ないより、多いほうが良く、狭いより広いほうが良い。沈黙しているよりは、たくさんしゃべるほうが良いとされる時代が長く続いてきました。いまでは、少しずつ価値観が変わり始め、少量で上質なプロダクトやサービスも注目され始めましたが、まだまだ多いほうが良いと感じる人たちが多くいます。

これは、現代では古い価値観というよりも、不安に近い感覚かもしれません。昔の人がいった「大は小を兼ねる」というのは、まさにその通りだと思います。けれども、すべてを大きなモノ、たくさんのモノでそろえることは不可能です。とりあえず大きなモノを選ぶのは、妥協案にすぎません。適切なときや場面にフィットする何かは、ひとつのサイズのはずです。しかし、とりあえず大きめのモノ、たくさんの量を選んでしまうのは、そうすると安心のような気がするからです。

現代人が話しすぎてしまう、もうひとつの理由は、現代人が沈黙を嫌うからです。いまの世の中は、ノイズも含めて音があふれています。ラーメン屋に行けばテレビ、レストランに行けば音楽、ホテルやテーマ・パークでさえも常にＢＧＭがかかっています。自宅に戻ると、とりあえずテレビのスイッチを入れたり、お気に入りの音楽をかける人は少なくありません。多くの人にとって、音を聞くことによって心の平安を求めることが習慣化しています。

情報量を少なく、沈黙をつくらず

話し言葉でも切れ目なく話したり、書類でも情報を詰め込みすぎると、ポイントがぼけやすくなります。ポイントがわかりにくくなるだけなら良いのですが、先ほどのマジシャンのハンカチの例のように、聞く人に誤解を与えてしまう可能性もあります。けれども、言葉を少なくすれば、沈黙ができやすくなり、人は不安になってしまいます。それでは、どうしたら良いのでしょう？

敬語や丁寧語の効能

解決策のひとつは、丁寧な言葉を使うことです。丁寧語や敬語に対して敬遠する人は多くいます。「難しい、面倒くさい」という理由などで好きではない人もいるかもしれませんし、「敬語や丁寧語を使わなければいけない」と強要される雰囲気がイヤな人もいるかもしれません。確かに、そういった本を読んでも、「これは正しい、これは間違っている」といった例が解説されています。日本の美しい言葉の文化を守るという視点では、正しい言葉が話されることは大賛成ですが、ここでは、違った視点から丁寧な言葉を考えてみることにします。

「携帯電話などの電源の始末をよろしくお願い申し上げます」

マジシャンというフリーランスの仕事の面白さのひとつは、いろいろな場所、めずらしい場所に呼ばれ、いろいろな人と話せることです。そういった場所では、あまり馴染《なじ》みのない経験をすることがあります。たとえば、皇室の方がご臨席したある式典では、普段聞き慣れたアナウンスが、こんなふうに流されました。

「皆様におかれましては、先刻ご承知だと存じますが、携帯電話などの電源の始末をよろしくお願い申し上げます」

私たちが劇場などでよく耳にするフレーズと同じ内容ですが、普段聞く「携帯電話などの電源はお切りくださるようお願いいたします」のほぼ2倍の長さになっています。友人どうしで交わされるような「ケイタイの電源、切った？」というフレーズに比べると、ほぼ4倍の長さです。

この本をお手に取っている皆様方は、先刻ご承知だと存じますが、言葉を丁寧にするにつれて、フレーズがとても長くなります。

効率からテクスチャーの時代へ

テクノロジーの発達に伴い、通信速度が上がり、大量のデータが相互に行き交うようになりました。人口はそんなに増えてはいないのに、インフラを通りサーバーに蓄積される情報量が膨大になりました。そうなると、短いセンテンスに情報を無理に詰め込むという行為の優先度が低くなり始めます。情報の圧縮よりも、美しさや、雰囲気などが求められるようになりました。同時に、大きくなったサーバーのスペースを消費させるために、ブログをはじめＳＮＳ（ソーシャル・ネットワーキング・サービス）といったプライベートな出来事を共有することも主流になり始めています。つまり、多くの情報をすばやくという時代から、情報のテクスチャー（肌触り）感覚が求められるような時代にシフトしつつあるといえます。

そういった理由から、丁寧な言葉を使うことがもう一度見直されても良い時代が来ている、と私は思っています。

立場が弱いから丁寧？

そんなわけで、私は、マジックの仕事でも、プライベートでも、友人や家族との会話を除いて、できる限り丁寧な言葉を使います。ほとんどの場面では、丁寧な言葉を使うことのメリットのほうが大きく、とても気に入っています。けれど、ときどき興味深い経験をすることもあります。丁寧な言葉を使うことが、相手に「立場が弱いから」と誤解されてしまうことです。

たとえば、人と待ち合わせをしたり食事をしようと、ホテルなどを利用するときに、駐車場などで「ホテルへの出入り口はどこにありますか？」と警備員にたずねることがあります。そうすると、たまに、相手からブッキラボウな答えが返ってきて、ビックリします。

私は長い間、警備の人はそんなふうに話すもの、と思っていましたが、どうやら違う理由があることに気がつきました。そういった人の中には、丁寧に話しかけられると「そんなふうに話すのは、たぶん、ホテルの客ではなくて、出入りの業者に違いない。お客様なら、もっと偉そうにしているはずだ。お客様でないのなら、そんなヤツに丁寧な言葉を使うのはもったいない」という思いがあるのかもしれません。これは、私の勝手な想像なので、確信はありませんし、すべての警備員がそんな口調でもありません。しかし、周囲を見回しても、相手の立場によって態度を変える人はそれほどめずらしくありませんので、そんなにはズレてはいないと思っています。

相手によって態度を変えるのは合理的

その不遜《ふそん》と思われがちな駐車場の警備員の考え方は、あながち間違いではないと思います。なぜなら、相手によって態度を変えるのは、複雑な社会においては合理的な行為だからです。たとえば、子供に対しては、子供の将来を考えた接し方、大人とは違った接し方があるようにです。顧客に対しての場合と、仲間に対しての場合と、内容や話し方が違うのは当たり前のことです。

駐車場の警備員が間違ったのは、その思考のしかたではなく、「客であるなら、丁寧な言葉を使うわけがない」という部分にあります。客であったとしても、丁寧な言葉を使う理由が存在するからです。

丁寧な言葉は距離を表す

丁寧な言葉の効用のひとつに、「相手と距離を保つことができる」ということがあります。上下の関係ではなく、「あなたとは距離がありますので、お互いの立ち位置から踏み出さないようにしましょう」という意味を無意識のうちに伝えます。

こんな失敗をしたことがあります。その日は、早朝から夜までテレビの特番の撮影がありました。撮影が終わり、収録の成功を祝って、ビールでも飲もうと親しい先輩マジシャンに電話をしました。一日中、マジシャンとして丁寧な言葉を使っていたので、思わず「マジシャンの前田知洋と申しますが、いつもお世話になっております。お忙しいところすみませんが……」と話し始めました。相手は「ね、ね、前田君、かける相手を間違ってない？」と戸惑っています。丁寧に挨拶をしすぎたための距離感から、間違った番号にかけているのではないかと誤解したのです。

そういわれて、ハッとして、メイクもそのままで、マジシャンとしての衣装をまだ着替えてないことや、一日中撮影をしていたことなどを相手に伝え、笑い話になりましたが、言葉の使い方が距離感を表現することとの失敗談として、とてもよく覚えています。

それでも、丁寧な言葉は互いの距離感がわかりづらい現代では、自分の立ち位置を知らせるなど、多くのメリットがあります。

Number 02

会話は本当にキャッチボールか?

キャッチボールの本当のルール

よく、会話はキャッチボールにたとえられます。多くの人が思い描くルールは、たぶん、相手の球を受け取ること、そして、相手が受け取りやすいボールを投げること、でしょう。相手が受け取れないボールを投げる人や、受け取りやすいボールをエラーする人も中にはいますが、そんな人はエキセントリックで変わった人、気が利かない人だと思われるようです。

前節で触れた、距離感を間違うトラブルは、キャッチボールにたとえるなら、相手との距離感を誤って、ボールが届かなかったり、ボールを強く投げすぎたことに対す

るショックや不快感にたとえることもできなくはありません。

信じられているルールを破る

しかし、多くの人に信じられていたルールが、場合によっては誤っていることもあります。キャッチボールというたとえは、とても優れているのですが、あくまでメタファーであって、会話はキャッチボールそのものではありません。実際のキャッチボールではルール違反とされていることも、会話においては用いることができます。

その違いをあげてみます。

ルール1 投げられたボール、そのものを必ずしも投げ返す必要はない

ルール2 相手も、自分もボールを複数持っている

ルール3 キャッチボールの行為そのものを拒否することができる

ルール1は、次のようなケースにあてはまります。

仕事中、上司に「A社の資料はどこにしまってある？」とたずねられたとき、部下が「プリントアウトしたほうが早いので、いま出します」と答えるような場合です。

本来なら、上司は場所をたずねたので、「地下の資料室にあります」などと答えるべきところを、部下が「上司は資料を必要としている」という言葉にしていない文脈を読み取って、「地下の資料室にありますが、急ぎであれば」というボールを省略して、二球先の違うボールを投げ返したわけです。たぶん、どのオフィスでもよくあるやりとりだと思います。このケースは、端から見ると会話のキャッチボールがうまくいっているように見えます。その理由は、部下が違うボールを投げ返すタイミングが適切だからです。

一見、優秀な部下のように見えますが、この話はフィクションなので、ちょっとイジワルな展開にしてみることにします。

その部下は、「キミは気が利くねぇ」と上司に褒められると思いきや、反対に注意されます。「キミね、いまはペーパーレスの時代じゃないか。こうしているあいだにも、森林は伐採されているんだよ。たかが紙だけれど、されど紙。データがあるなら私のコンピュータに転送するか、キミのモニターで見せてくれたまえ……」といわれてしまいます。

これがルール2です。自分も相手もボールが複数あるということです。上司はペーパーレス推進という別のボールを選んで投げてきました。部下は、いつか必要なときにすぐに出せるようにコンピュータに保存しておき、いつでもプリントできるというボールを投げ返したことによる行き違いです。ルール1で解説したボールを投げ返すタイミングが合っていても、ボールの選択を間違うとうまくいきません。

人間どうし、組織や社会は複雑ですから、同じ行動が良い印象を与えたり、悪い印象を与えたりします。「たられば」ですが、部下が「急ぎですか?」というボールや、「地下の資料室と、私のコンピュータにありますが、どうしますか?」というボールをはさんだり、上司の最初のボールが「部分的に知りたいデータがあるんだけれど、A社の……」だったら、険悪なムードは回避されたかもしれません。

本当のことを打ち明けると、このエピソードは十年来、私のスケジュールを管理するマネージャーとのあいだで交わされた会話をもとにしています。どちらが上司で、どちらが部下かはあえて言及しませんが……。

キャッチボールをしないという選択

ルール3も同様に、私が経験した場面で説明することにします。

日本テレビの「おしゃれカンケイ」という番組にゲストで呼ばれたとき、司会の古舘伊知郎さんに「ご結婚はされているんですか？」と突然質問されました。私が「トランプと結婚しているようなモノなので……」と答えると、「何をクダラナイことを！」と切り返されました。

古舘さんは私の「プライベートな話題は好まない」という真意を読み取り、すぐに次の話題に移りました。

「キャッチボールをしない」というと、相手を無視したり、質問に答えないで黙り込むことを想像する方がいるかもしれません。それもひとつの方法ですが、相手によっては、あまり良い解決法ではないと思います。無視をすることがバカにされたと感じる人たちも少なからずいるからです。

「Not today……」という断り方

　街頭を歩いていると、アンケートに答えてほしい、募金をしてほしい、宗教の勧誘などで話しかけられることがあります。ほとんどの人は、そんな行為を無視したり、足早に通り過ぎたり、片手を軽く上げて拒否することが多いようです。実は、こういった勧誘行為は、日本だけではなく、世界中の大きな都市ならよく見かけるシーンです。外国の観光地であれば、それに物売りや、さまざまなアヤシいサービスの勧誘が混じってきます。

　私が海外でそういった勧誘をはじめて受けたときは、日本での対応と同じように無視をしたり、片手を上げて拒否したりしていました。しかし、海外でそういう態度をとると、相手に大きな声でなじられたりすることがあります。無視という行為が強い侮蔑である文化も確かにありますし、一日中道行く人に声をかける割には、話を聞く人も少なく、勧誘がうまくいかないことを考えれば、無視されれば相手をなじりたくなる気持ちもわからなくもありません。しかし、ここでは書けないような乱暴な言葉をかけられ、旅行を楽しんでいる気分を壊されるのも困ります。

そんなときに便利な返答は、「Not today（今日は、いいや）」という断り方です。残念ながら、その断り方をどこで知ったかは失念してしまいました。たぶん、一緒に歩いていた現地のコーディネーターが使ったのを耳にはさんだのかもしれません。

この言葉は実に有用で、宗教の勧誘であれば「Not today」といえば、相手は「コイツは今日は良いことばかりで、宗教を必要としないのかも……」とか、募金であれば「今日は持っているお金が少ないのかも……」という想像を相手に与えることができます。もしかしたら、そう答える通行人も少なくなく、記号としての断りが通用し始めているのかもしれません。少なくとも無視するよりはずっとマシで、「それなら、明日待ってるからね～」と陽気な返答をされて、こちらが苦笑いすることこそあれ、それ以来、トラブルに発展しそうな言葉を受けることは、ほぼなくなりました。

相手に理由を想像させる

この断り方のポイントは、希望に添えない理由を相手に想像させることにあります。人は自分自身で導き出した答えを他の答えより優れていると思いたい感情があります。技術者や研究者であれば、その答えが本当に正しいか、優れているかを検証すると思います。しかし、そんな人でさえも、日常のすべてのことを検証するのはナンセンスです。たとえば、買い物に行ったときにダイコンが売り切れていて、「今日は寒かったから、おでんをつくる家庭が多いのかなぁ……」とその理由を想像する人はいても、実際に各家庭を訪ねて検証する人はほとんどいないといって良いでしょう。

しかし、自分自身で気がついたり、導き出した結果は、その答えに対して特別な感覚（愛情といってもいいかもしれません）を持ちます。自分が導き出した答えは、正解だと信じたい気持ちが働きます。だからこそ、相手に理由を想像してもらうことが重要になります。

Part 2

言葉を隠すテクニック

Number 03

ウソをつかずに秘密を守る

「マジックのシカケを教えてほしい」といわれたら……

観客はマジックのシカケを知りたがります。観客の誰かに「シカケを教えてほしい」とストレートにいわれたとき、「ダメです」と答えるのは簡単です。かといって、秘密を教えてしまえば、それを聞いた側は、夢の世界から現実に引き戻されることになります。どちらが観客にとって幸せなのか、その選択の板挟みになることがたまにあります。しかし、こんな悩みはマジシャンだけのものではありません。

次のようなケースを想像してみてください。

会社が終わったあと、親しい仲間どうしでお酒を飲むことにしました。ところが、Aさんという酒癖の悪い同僚がそのことを聞きつけ、誘ってほしそうにしています。Aさんは、普段はとても良い同僚ですが、お酒を飲むとトラに一変します。いままでは、しぶしぶ誘っていましたが、先日、他の仲間たちと「Aさんはお酒の席にだけは誘わない」と約束したばかりです。

さて、どのようにAさんにいったら良いでしょうか?

三つのトラ対策

Aさんへの対応のしかたとして、まず、三つの選択肢が考えられます。

①正直に「酒癖が悪い人は誘わない」と説明する
②「飲み会はない」とウソをつく
③トラになることを承知で、しぶしぶ誘う

飲みに
行こう!

①の選択肢は、一見、誠実な態度に見えます。しかし、Aさんは、自分の人格が否定されたような気がして、とても気分を害するかもしれません。自分が、ただ仲間はずれにされたような疎外感を感じるおそれもあります。正直に思える意見は、場合によっては人を傷つけてしまいます。

②の「飲み会はない」とウソをつく。これは、一番手軽で、面倒くさくない解決法に見えるかもしれません。もし、そのウソがバレなければ、誰も傷つかない便利な解決法に見えます。けれども、もし仮に、ウソがバレてしまった場合はAさんとの信頼関係が壊れ、オフィスでの関係もギクシャクしてしまう可能性があります。

③の選択肢は、Aさんの気持ちは尊重されますが、他のメンバーが気を悪くしたり、お酒の席でのトラブルなど、いろいろなトラブルが生じる危険があります。

どの選択肢でも、リスクマネージメントとして考察すればリスクが大きく、あまり良い選択肢ではありません。リスクマネージメントは、起きうる可能性と起きたときのマイナス面を想定して評価するので、①ではAさんが気分を害する場合、②ではウソがバレて信頼関係を損なう場合、③では自分や他のメンバーの気分を害する場合や、お酒の席でのトラブルなど、いずれのケースでもそのリスクは大きくなります。

会話はするけれど、キャッチボールはしない

このケースで「キャッチボールをしない」という①〜③にあてはまらない選択肢を選んでみます。先に説明したように、「会話のキャッチボールをしない＝無視」ではありません。「その話題でのキャッチボールはしたくない」ことを相手に想像してもらうことが最初の一歩になります。

ただし、このケースでは、Aさんは仕事仲間としては優秀なわけですから、Aさん自身に飲み会に誘わない理由を「嫌いだから」や「酒癖が悪いから」「仲間はずれにしたいから」と推測をしてもらっては困ります。気を遣ったつもりが、逆に相手を傷つけてしまっては本末転倒です。

相手を傷つけない理由というのは意外にあって、理想的なのは「自分自身に原因がある理由」や「自然現象、物理現象」などです。何かを断るときに他人のせいにする人もいますが、それはあまり良くありません。その本人の耳に入れば、新たなトラブルを生む原因になってしまいます。「自分自身に原因がある理由」というのは、「疲れている」「ドラマが見たい」「約束を忘れていた」など自分の事情や自分の性格、習慣

などです。「自然現象、物理現象」というのは、「台風が来そう」とか「家が遠い」から始まり、「先約があるから」などの社会的な理由も含まれます。

重ねて説明しますが、その理由を口に出して説明するのではなく、相手に想像してもらうのが大切です。もし、「先約がある」という理由を相手に想像させたければ、「Aさんと飲みに行くの楽しいですよねぇ。あ、今日は何日でしたっけ……。今日はダメだ」といえば、相手は「家でドラマを見るのか、デートが入っているのかわからないけれど、都合が悪いんだな……」ということが伝わります。もし、詮索好きな相手で「何か、用事が入っているの？」と聞かれたときは、「仕事とプライベートは別ですよ……」などと、これ以上会話のキャッチボールが続かないことを相手に伝えます。

勘のいい方ならお気づきだと思いますが、この会話のやりとりにウソは含まれていません。本当の事情は「Aさんを誘わないで仲間と飲みに行く」という先約ですから、「今日は（先約があるから）ダメ」というのはウソにはなりません。もし、バーなどで偶然Aさんに会ったとしても、あわてる必要はなくなります。会社の同僚にプライベートな友人が含まれることは、めずらしいことではないからです。

秘密にするべきことを隠しながら、誠実に観客に接するには？

私たちは、会話のしかたを学校や家庭で習いました。その頃は、人間関係もシンプルで、素直に頭に浮かんだことを発言しても、それほどトラブルは起きませんでした。子供の頃に何でも正直に話すことが何よりも大切とされていたのは、社会に守られている必要上、子供が大人たちにウソをついては困るからです。

しかし、成長して社会に出ると状況は大きく変わります。会社に入れば、会社や顧客の利益を守る立場に立たされ、説明するべきこと、説明できないことなど、デリケートな選択ができるスキルが必要になります。プライベートでも、頭に浮かんだことすべてを口に出せば、相手を傷つけてしまうことも少なくありません。

また、現代はデジタルなネットワーク社会に急速に成長しました。携帯電話やコンピュータのメールが、いまの私たちのコミュニケーションの幅を広げたことは疑いのないことです。しかし、その影として、メールを使った犯罪の危険にさらされているのは、報道されている通りです。会ったこともない相手に、個人的な情報の何をどう隠したらいいのか？　これもまたデリケートな判断が必要になる時代になってきました。

興味深いことに、この関係はマジックに似ています。マジシャンはトリックの秘密を観客に隠し、けれども、観客と信頼関係を築かなくてはなりません。テレビなどでご存じだと思いますが、特に「クロースアップ・マジック」と呼ばれる、観客のすぐ近くで演じるタイプのマジックでは、観客とマジシャンが会話することもよくあります。

秘密にするべきことを隠しながら、誠実に観客に接する。この一見矛盾した関係を築くためのポイントはいろいろあります。言葉の選び方は、その重要な要素のひとつといえるでしょう。マジシャンをはじめエンターティナーが、何気なく発した一言や言葉遣いによって秘密がバレそうになったり、観客に嫌悪感を抱かれることもあります。

それはマジシャンでなくてもまったく同じです。失言によって立場を危うくしてしまうケースは、毎日のようにワイドショーや新聞の紙面を賑わせます。

けれど、心配はいりません、言葉によって失敗する人もいれば、言葉によって危機を脱したり、成功のキッカケをつかむ人、周囲から愛され、サポートされる人も少なからず存在しています。

言葉は誰もが使いますが、すべての人が成功するわけではありません。使う言葉を変えることによって思考のしかたが変わり、さまざまなモノの見方や広がりが生まれる、言葉を聞いた人の気持ちを動かす、そんなことが成功のキッカケになるケースは意外に多いのです。ほとんどの人がその部分に気がつきません。それはマジックの秘密に、とても似ています。

マジックのタネがわからない理由

マジックの歴史を調べて、伝説となったマジシャンたちのエピソードを読んでいくと、ひとつの共通点に気がつきます。希代のエスケープ・アーティスト、ハリー・フーディニーが「本物の刑務所から脱出する」というマジックを成功させたことがあります。フーディニーは、厳重にチェックされ下着姿で手錠をかけられ、独房に入れられました。けれども脱出は成功し、人々はフーディニーがどのように鍵を開ける道具を独房に持ち込んだかに頭を悩ませました。その秘密は、「フーディニーの妻が最後

に別れのキスをするときに、解錠の道具（小さなピン）を口移しで渡した」というものです。ほんの数秒の秘密の行動が「刑務所からの脱出」というイリュージョンを成功させせました。

マジックというと、たくさんのテクニックやシカケを使っていると想像する人も多いと思います。しかし、優秀なマジシャンは、秘密のテクニックやシカケを少ししか使いません。観客にウソをつく必要のないときは、本当のことのみを説明します。ウソをつく回数が少なければ少ないほど、人々はマジシャンのことを信用します。

もし、バーなどに仲間といるときにAさんとバッタリと会ったときには、「このことは、会社の他の人には内緒にしておいてもらえれば助かります」などといえば、「この人たちはプライベートでも交際があるのか」という想像を新たに相手にさせるキッカケになります。

こういった会話は、業務内容以外のこと、同僚という仲間のあいだでこそ成り立つように思えます。もちろん、仕事上のことであれば、所属する組織と顧客に誠実であることが最優先されます。しかし、その両方に板挟みになることもあります。

次は、顧客との会話についてデリケートなケースを取り上げてみます。

Number 04

マジシャンが避ける言葉とは？

マジックを情操教育向きと考えたゲーテ

ドイツの文豪であるゲーテは、子供の情操教育にはマジックが向いていると考えていたようです。その熱心さは、ドイツからパリに住む友人に手紙を書き、マジックの道具を取り寄せるほどでした。「マジックが情操教育に向いている」という考え方は、一般の人にとっても、マジシャンである私にとっても、ちょっと変わっているように思えます。しかし、マジックが「表現すること」と「隠すこと」を同時に行うことを考慮すれば、子供が成長して社会で他人と接するときに、その経験が役に立つであろうと、ゲーテは思ったのかもしれません。

マジックが持っている「トリックの秘密を守りながら、何かを表現する」という状況は、マジックだけのモノではありません。SF映画では、映像処理が観客にわかってしまっては、ストーリーや主人公に共感を覚えることはできません。演劇などでも、裏舞台の出来事、俳優の誰々どうしが仲が悪い、なんてことが舞台を見ている人に伝わってはいけないのです。

大人の社会では、会話の中での話題を選び、情報を共有します。会話は相手がいなければ成立しません。そして、ほとんどの人が相手をできるだけ不愉快にしないように心がけます。コミュニケーションにおいては、話題や伝えたい内容、隠すべき文脈を選びながら進んでいきます。

コンテキストの受け違い

女性誌で人生相談のページを担当したことがあります。そのことを何気なく友人に話すと、「えっ、マジックの仕事って、そんなに大変なの?」とたずねられました。とりあえず、その奇妙な質問には「まぁ……、大変といえば、そうだけどね」と答えましたが、しばらくして、彼は、私が人生相談に答える側ではなく、悩みを質問する側だと勘違いしていたことに気がつきました。

こうした勘違いは、コンテキスト（文章などの前後関係、文脈などの意味）の受け違いとして発生します。実は、会話の前後には「隠れた文脈」というのが存在しています。先の人生相談の誤解では「(人生相談をするほど)マジックの仕事って、そんなに大変なのか」のカッコ内が隠れています。

たとえば、誰かに「背はいくつ？」と聞かれれば、「ひとつです」と答える人はいません。それは、「あなたの身長が何センチあるのか？」という質問であって、そこには「あなた」や身長の単位としての「センチ」が隠れています。

もちろん、すべての文脈を会話の中でいちいち説明していたら、面倒くさくて、スムーズな流れになりません。ですから、実際の会話では、さまざまなことを省略するのですが、主に隠されるのは、お互いに当然のように認識されていることや、いいにくい事柄などです。フレーズを隠すことによって、会話の流れを変えずに、スムーズに話題が進むのです。場合によっては、相手を傷つけないように気遣うことも少なくありません。

相手の気分に水を差さない

誌面ではありませんが、友人の女性から次のような相談をされたことがあります。

ある住宅地では、そのエリアの住人専用のスポーツクラブがあって、その受付には、住人である若い女性が働いていました。最近のさまざまな事情を考えて、そのスポーツクラブを運営している会社は、トラブル防止のために「スタッフがその住宅地に住んでいることを顧客に伝えてはいけない」と指導していました。

彼女はしばらくのあいだ、顧客、その多くは若い男性に「ここの住人なの？」と聞かれると「会社の方針で教えられないんです」とか、「いいえ……住人じゃありませんと答えていました。前者の答えは、勘のいい人なら「住んでいる」と推測できますし、後者はウソですから、何となく後ろめたい気持ちになります。スポーツクラブに気分転換に来ているゲストのことを考えれば、「会社の方針で教えられません」と、冷たく答えることによって、相手の気分に水を差すのも最良とは思えません。

さて、彼女は何と答えたら良いでしょうか？

相手に気がつくキッカケを与えることが、柔らかい会話

いろいろと悩んだ結果、彼女はある日から、その質問を受けると「あ、このクラブを経営している会社から派遣されてきているんです」と答えるようにしました。この答え方は「相手に想像をしてもらう」という意味では悪くありません。まず、「派遣」という言葉の語感が「部外者」や「通勤している」というイメージを喚起します。

一見、会話のキャッチボールをしているように見えますが、本当は相手の投げたボールを、あえてエラーしています。厳密にいえば、相手の質問に答えていません。

こういったコミュニケーションは、業務に関することではないので正確性は無用です。また、「会社の方針で教えられません」と、冷たく答えたことによって相手の気分に水を差すこともありません。もし相手が「質問に答えていない」ことに気づいたとしても、もう一度相手に同じ質問をさせることにより、相手に考え直すキッカケを与え、その質問が「その女性のプライバシーを侵害しているのかも」「これ以上しつこく聞くと、嫌われるかも……」ということに気がつく可能性は上がります。

この会話のように、直接的に話すと相手の気分を悪くすることはよくあります。現代社会は複雑化しています。価値観も日々変わり、個人だけでなく企業でも「顧客の気分を大切にする」というセグメントも重要視されるようになりました。

「顧客に秘密を隠すこと」を大切にする企業

マジックの仕事にとても近い業種にテーマ・パークがあります。表舞台があり、裏舞台がある。来場者に夢を与え、裏側のシカケをできるだけ見せないという部分では、両者はとてもよく似ています。逆に一般の人にとっては、テーマ・パークはマジシャンという職業よりも馴染《なじ》みがあると思いますので、例としてあげるのはピッタリだと思います。

あるテーマ・パークの地下には、車が通行できるほどの地下通路が張り巡らされています。万が一、急病人などが出た場合には、その地下通路を救急車両が通り、多くの来場者に気づかれずに患者を搬出できるように設計されています。

穿《うが》った見方をする人の中には、この設計を「あぁ、事故を隠蔽《いんぺい》するためにそうなっているのかぁ……」と考える人もいるかもしれません。しかし、その意見は早合点《はやがてん》ともいえます。これは急病人のスムーズな搬出や、来場者の楽しい気分を無用に壊さないことを考えれば、極めて合理的な設計です。

「伝える必要がないことを伝えないこと」が、ときには合理的であったり、思いやりだったり、道徳的であったりする例といえるでしょう。

隠すためのガイドライン

「相手や状況によって伝えることを選ぶ」というのは、何か「頭の回転が速い人にしかできないこと」と思われるかもしれません。しかし、ポイントさえつかめば、それほど難しくはありません。慣れてしまえば、誠実な関係を保ったまま、相手に心労を与えずにすみます。

普段の会話において、話題として何を選び、何を選ばないかの簡単なガイドラインを記しておきます。

●ネガティブな表現のテーマや、単語を選ばない

たとえば、「どこそこのレストランの食事はまずかった」という話は、あまり良くありません。一見、情報を伝えるという意味では有益なように思えますが、詳しく話を聞くと、自分の好みに合わないだけであったりする可能性もあります。その話を聞く相手にとっては、話している本人の好みに合ったかどうかは、あまり重要ではないことがほとんどです。もし、そのレストランが、選択肢として向かないのであれば、何も触れないのがスマートです。

●度を越した形容詞は避ける

「すばらしい」や「スゴい」という言葉は、とても優れた言葉です。まさに、すばらしい言葉といって良いでしょう。しかし、これに過度な形容詞がつくと、軽薄な印象になります。「世界一、すばらしい風景だった」という表現は、それを見ずに聞かされる相手にとっては、自慢にしか聞こえません。せいぜい、客観的に「自分が見た風景の中では、一番すばらしかった」とか「世界でも指折りの光景だと思う」くらいにとどめておいたほうが無難です。

もし、世界中を旅行してさまざまな経験をした探検家の発言であれば、その言葉の重みは違います。けれども、そういった人たちの言葉の表現は想像するよりもずっと謙虚なものです。

●セクシャリティにつながる話題は避ける

直接的ではなくても、セクシャリティ（女性、男性といった、性別に関わること）につながりやすい話を思わずしてしまう人は意外に少なくありません。けれども、セクシャリティの話題そのものを避ける人は多くいます。そういった話題が避けられるのは、それぞれのライフスタイルと密接に関わっているからです。

たとえば、「結婚はまだなのか？」「子供はつくらないのか？」「太りすぎ」「痩《や》せすぎ」といった話の行き着く先は、個人的な生活の環境や思想の話にならざるをえません。最後は相手を傷つけることになります。

何気ない日常会話をするときに「人種に関わる話、政治政党に関わる話、宗教に関わる話」が避けるべきテーマとされています。誤解しないでいただきたいのは、そんなことをテーマに議論してはいけないということではありません。何気ない世間話として取り上げるには、テーマが重すぎて、結論を見出すことが困難だからです。

アメリカなど、多種多様の人々が暮らす場所では、友人や同僚どうしが顔を合わせると、野球などのスポーツの試合結果の話を挨拶代わりにします。その日の新聞の見だしになった遠い場所での地域紛争を口にしたら、人種や宗教の議論に発展してしまうこともあるからです。

コミュニケーションはとるけれども、無用のトラブルを避けるためには、ときには無難なテーマを選ぶことです。そして誰かを傷つけたくなければ、そこにつながりやすい話題を慎重に避けることも大切です。

Number 05
マジシャンは言葉を選ぶ

「トランプの中で好きなカードはありますか？」

トーク番組に出演したときに、聞き役の峰竜太さんに「(マジックを意味する日本語の)『手品』という言葉には、手は一つしかないけれど口は三つある。だから、マジックは言葉が大事なんですよね」といわれたことがあります。

マジシャンは、セリフで人を煙に巻くわけではありませんが、確かに言葉は大切な要素です。同じことをいうにも、どんな単語を選ぶかによって聞く側の印象はかなり違ってきます。観客にトランプを選んでもらうマジックをするときでも、「カードを一枚選んでください」というより、「トランプの中で好きなカードはありますか？」

とたずねたほうが、観客を人間的に扱っているような印象を聞く人々に与えます。

これはレストランで注文をするときに、サービスの人に「メニューの中から選んでください」といわれるよりも、「今日は何を召し上がりますか？」とたずねられるほうが、ずっと気分が良いことに似ています。実際にレストランで、そんな事務的な質問をされることはありませんが、同じことをたずねるにしても表現によってだいぶ印象は変わります。

日常生活でも古くから、特に言い回しに気を遣うことが多くあります。語感が悪いとして「スルメ」が「アタリメ」になったり、「死ぬ」という直接的な言葉を「荼毘《だび》に付す」「鬼籍《きせき》に入る」「永眠」などと表現したりします。

こうした習慣は、日本語だけでなく外国語にも存在します。狩猟を指した「hunting」や「shooting」が、残酷なイメージを伴うにつれて「game」というソフトな表現に差し替えられます。育ちの良い女性がブラック・ジャックをたしなむときは、「gamble（ギャンブル）」という単語よりも、「card game（カードゲーム）」という表現が好まれます。

相手に間違ったイメージを持たれないために、言い方を変える方法は次のようにいくつか存在します。

●単語を差し替える

たとえば、家人に電話があったときに「(誰々は)寝ています」というよりは、「休んでいます」といったほうが良いでしょう。この場合は「電話口には出られない」と伝えることが目的のフレーズですから、家庭内で何をしているのかプライベートな情報を付加する必要はありません。「寝ている」という単語は、それを聞く相手に病気やケガなどを連想させるかもしれません。過分な心配をさせないという意味でも、あまりふさわしい単語ではありません。

基本的には欲求に直接に関わる単語は、避けたほうが無難です。「レストランで肉を食べたらおいしかった」と話すよりは、「レストランで出されたメインはおいしかった」と表現するほうがいいでしょう。相手に想像してほしいのは、肉を口に運んで食べるシーンではなく、美しく皿に盛られた料理だということを忘れないでください。

●主従を入れ替える

たとえば、近所に住む夫を亡くした女性のことを説明するときに「あの家はご主人が亡くなったので……」とネガティブな要素を加えるよりは、「あの家は、独りで住んでいらっしゃるので……」と話したほうが、聞く側は暗い気分になりません。

何かを説明するときに、聞く側にネガティブな気分を思い起こさせる要素があるときは、主従を入れ替えてそんな要素を取り除きます。

「会社をクビにされて」と会社を主にして話すゴシップ的なウワサよりも、「退職をして」と個人を主としたほうがポジティブな語感になります。「お酒を飲めない」という何が主だかわからないフレーズよりも、「飲まない」と表現したほうが場合によっては自然です。

●角度を変える

「目の見えない三賢者が象を語る」という小話があります。比較的有名なのでご存じの方もいるかもしれません。こんな話です。

目の見えない賢者三人が「象」について話をしました。一人の賢者は「私が知っている象は、細くて乾燥している」といいました。もう一人の賢者は「いやいや、ワシの知っている象は、ザラザラしていて壁のようだった」といい、最後の賢者は「本当の象は、長くて柔らかいものだ」と説明します。

目の見えない三人の賢者は、実際に象を触っていたのですが、それぞれ触っていた場所が、しっぽ、胴体、鼻と違っていました。同じ対象を語るにしても、人によって印象が変わる例として昔から引用されています。

仮にAさんという人物について説明をするときに、ある人は「太っている」というかもしれませんし、別の人は「大きな会社で重要なポストにいる」と話すかもしれません。また別の人は、「誰にでも気遣いをする人」と話すこともあるでしょう。どれも、Aさんという一人の人物の話なのですが、本人を知らずに聞く側は、どう説明されるかで受ける印象が異なります。

人に限らず、すべてのことにはポジティブな面とネガティブな面があります。もし、必要がないのであれば、あえてネガティブな面を話すのは避けるべきです。

誤解しないでいただきたいのは、どんなときも、ネガティブなことを話してはいけないということではありません。社会のさまざまな問題について、議論することは大切です。しかし、何気ない日常会話であれば、ネガティブな表現を選んで、聞く側の気分を悪くさせたり、暗い気持ちにさせる必要はありません。

翻訳しすぎると信憑性《しんぴょうせい》が下がる

何事も度を過ぎると良い結果は生まれません。美辞麗句ばかりを並べ立てると、それはそれで信用できない印象になります。基本的には、ニュートラル（中立）な表現を使い、無理にお世辞をいう必要はありません。心にもないウソは、論理性やパラ・ランゲージ（周辺言語）などによって知られてしまい、信頼関係を壊してしまうことも少なくありません。

たとえば、「日本車についてどう思うか?」と聞かれれば、「顧客満足度が高い」とか「世界シェアが高い」といったニュートラルな表現なら説得力がありますが、車とオーナーという主従を入れ替えて「日本車に乗らない人の気が知れない」くらいまで持ち上げると、眉をひそめざるをえません。

ニュートラルな表現というのは、それを選択しない人たちの価値観を認めるということです。そのことにさえ気をつければ、そんなに難しいことではありません。日本車の例では、もし、外国車のオーナーが聞いたとしても気分を害さない範囲で、日本車の優れた部分や事実を説明することが大切です。

角度を変えすぎるとネガティブになる例

先に、角度を変えると説明が変わる例として紹介した「目の見えない三賢者が象を語る」という小話からは、さまざまなバリエーションが生まれました。なかには話自体の視点を変えてしまったモノもあります。

「目の見えない三匹の象が賢者を語る」

三匹の目の見えない象が「賢者」という人間について話しています。象たちは口をそろえてこう説明します。

「賢者というのは、薄っぺらくて毛の抜けたカーペットのようだ」

人間が手で触って調べることと、象が足で踏んで確かめることとの違いが、物語の教訓やオチをオリジナルの意図とはまったく違う方向へ運んでしまいます。角度を変えすぎてしまうことが、教訓にみちた話をブラック・ジョークへと変貌させてしまいます。

会話の中で避ける単語

一般的に使われている言葉でも、聞く人の立場によっては不快に思う単語は多くあります。家族や友人どうしではあまり問題はないかもしれませんが、パーティーの席や公の場所での発言では特に注意して使わないようにしている言葉の一部をあげてみます。これは、私が個人的に守っているだけで、会話のうえでのルールというわけではありません。理由も併記しましたので、併せてご覧いただき使用判断いただければ幸いです。

●外人

できる限り、その人の出身国名に「～人」（例：アメリカ人、イギリス人など）とする。「外国人」という言葉も、必要な場合（たとえば「日本に住んでいる外国人の割合は……」など）以外使わない。

●インディアン、エスキモーなど

その土地を訪れた外来者が勝手に名づけたものは避ける。インディアン↓ネイティブ・アメリカン、アメリカ先住民、エスキモー↓イヌイットと言い換える。

●スチュワーデス、サラリーマンなど

海外では使わなくなった外来語、揶揄《やゆ》した造語（月給取りなど）は使わない。スチュワーデス↓フライト・アテンダント、サラリーマン↓会社員と言い換える。

●障害を持つ

好んで障害を持ったわけではないので　障害を持つ↓障害があるとする。

●未亡人

未だに亡くなっていない人（妻）の意味。夫を亡くした女性とする。

いずれの表現も、言い換えた場合は同席者を不快にする可能性が低くなります。もっとも、「当時は『エスキモー』と呼ばれていた」のように、言い換えると理解しづらくなる場合は、あえて会話に使うこともあります。

より広範囲の避けるべき単語を検討するなら、『記者ハンドブック』（共同通信社）の「差別用語　不快用語」のページなどが資料として参考になります。

Number 06

マジシャンは人をどう褒めるのか？

あなたが考案したマジックですか？

マジシャンの世界、特にクロースアップ・マジックをする人のあいだでは、自分のマジックを誰彼となく見せるという、少し変わった習慣があります。自分が思いついたトリックや本で読んだりして習得したトリックを、他のマジシャンに見せてアドバイスをもらったり、評価されたりするのが目的なのでしょう。

アメリカのハリウッドにマジック・キャッスルというクラブがあり、そこには毎晩多くのマジシャンが集まります。クラブ内にある三つの劇場でマジックのショーがあるのですが、バーやライブラリーなどでも、四六時中、至る所でマジックをやっていて、劇場以外でも、玉石混交のさまざまなマジックを見ることができます。

劇場でのショーであれば、見終わったあとに拍手をして、友人とショーの感想を語ればそれで終わりです。しかし、マジシャンが目の前にやってきて、「僕のマジックを見てもらえますか？」と聞かれると事態は複雑になります。

問題は、マジックを見たあと、演じた本人が「いまのマジックをどう思いますか？」と感想を求めることです。いま見たマジックがすばらしければ、「すばらしい」と心からの感想をいうことができます。もし、そのトリックはいまひとつだけれど、優れた部分が含まれていたら、それを感想として伝えることもできます。しかし、良いところをすぐには見つけ出せないトリックもなかにはあります。そんなときの感想は困ります。

もしかしたら、忌憚《きたん》のない意見をいえば良いのかもしれません。しかし、マジックに関わる人は千差万別です。趣味でマジックを楽しむ人もいれば、プロを目指す人もいます。プロを目指すにしても、どんな場所で仕事がしたいのかによってアドバイスは異なります。ときには、安易なアドバイスがその人をダメにしてしまうこともあります。

私は、こうしたナイーブな考え方は、日本人特有の思考だと思っていたのですが、友人のアメリカ人のマジシャンも同様の悩みを持っていました。彼と話した結果、こんなふうにマジックの感想をグループ分けすることにしました。

●すばらしいマジックを見たとき

この場合は、素直に「すばらしい！」「スゴい！」というだけです。もし時間があれば、その他のマジックを見せてくれるようお願いしたり、どうやってそのトリックをつくったかをたずねたりします。トリック全体として未完成でも、すばらしい部分があれば、その部分について同様の感想をいいます。

●ありふれたトリックを見たとき

可もなく不可もないトリックを見たときは、少し注意が必要です。「ありふれているね」という率直な意見は、ショービジネスの世界では死刑宣告に近いので、そんなときには「悪くないね」「興味深いトリックですね」という感想を述べます。

●つまらないトリックを見たとき

見る側にセンスがないせいか、どこにも良いところを見出せないトリックを目のあたりにすることもあります。こちらとしては、一生懸命に優れた部分を探すのですが短い時間では限界もあります。そんなときには、「あなたが考案したマジックですか？」とたずねます。大概は「そうです」とか「友人の考案したマジックなんだけど、この部分は僕のアイデアなんだ」と返ってきます。

「つまらないモノをつまらないといわない対応」は、一見、不誠実と思われるかもしれません。しかし、自分のマジックを否定されると、自分自身を否定されたように感じる人は少なくありません。

こういったケースで最も大切なことは、マジックの創造をやめないことです。つまらないマジックばかりを考案している人が、ある日、突然にすばらしいマジックを思いつくことはめずらしくはありません。誰かに「くだらないマジック」といわれたことによって、マジックを考案することをやめてしまうのは大変残念なことです。

かといって、どんなトリックを見せられても、「すばらしい」を連呼することは不誠実です。第一、そんなことを言い続けていては、周囲からの信用をなくしてしまうでしょう。

車の運転の評価はプライドに関係する

自分の行為を否定されると、自分自身が否定されたように感じることは、日常の中にもあります。

「車の運転がヘタだ」という言葉は、ほとんどの場合、相手のプライドを傷つけるといわれています。客観的に考えれば、物事に向き不向きがあるのと同じように、運転が得意な人もいれば、苦手な人もいるのは当たり前のことです。しかし、英語で口出しの多い人を「back seat driver（後部座席の運転者）」というように、運転のしかたに口を出されるのに、とても気分を害する人が多く存在します。アメリカ人もイタリア人もインドネシア人も、イギリス人も、みんな腹を立てます。

これは、理想社会と似た感覚が車の運転にはあるからです。たとえば、仕事がうまくいかなかったり、給料に不満があっても、自分一人では解決できない要素があることを皆知っています。社会や地域の景気であったり、事業にしても資金が足りなかったりと、多くの人は各自納得をします。

しかし、車の運転は、ほとんどのことが自分の持っているスキルで解決できるような気がします。道路は常に空いていて、信号もすべてが青になっていると思い込んでいるとさえいえるかもしれません。もし仮に渋滞があっても、抜け道さえ知っていれば、時間通りに目的地に着くと心の中で信じている人が多くいます。

「運転がヘタだ」というフレーズは、その理想社会でさえもうまく生きることができないことを示唆されているように感じて、人は腹を立てるのでしょう。いわゆる「何をやってもダメな人ね」と烙印《らくいん》を押されているような気がするのです。

バックシート・ドライバーにならないために

日常会話の中で、誰かの車の運転についての話題になったときは、できるだけ「うまい、ヘタ」の話は避けたほうがいいでしょう。もし、車の助手席に座って、やや未熟な運転に口をはさみたければ、「車に酔いやすいので、普段の運転よりもゆっくりでお願いします」くらいにとどめておいたほうが険悪なムードになりません。もし、自分が運転しているときに、助手席から「やけに安全運転してるね」などと遠回しな助言をもらっても、「大切な人を乗せてますから」くらいに答えると良いでしょう。

マジックへの感想と同じように、大切なことは別に存在します。車の運転では、事故を起こさずに目的地に着くことが重要です。それは、運転者をイライラさせて事故を起こす確率を高めることではありません。

乱暴な考えを持つ人は、「ヘタなヤツには、運転させないほうがいい」というかもしれません。しかし、加齢などに伴う運動能力の低下ならまだしも、スキルだけを判定して、いま持っている人の免許を取り上げて再試験を受けさせることは現実的ではありません。それに、新たに免許を取る若者も次々と路上に出てきます。

不注意や事故防止のための交通ルールを守らないことを糾弾することと、いたずらに人の運転技術を評価することを区別することが大切です。もちろん、本当に危ないときは、そう口に出すことも必要です。ちなみに、危険なときの「アブナイ」というフレーズは、「Have an eye！（気をつけて！）」と似ていることから、英語圏の外国でも通用します。覚えておくと良いかもしれません。

Part 3

秘密の力、パラ・ランゲージ

Number 07

パラ・ランゲージとは何か？

「振り込め詐欺」に多くの被害者が出た理由

オレオレ詐欺などの「振り込め詐欺」が世間を賑《にぎ》わし、社会問題にまでなっています。多額の被害額を出したこの犯罪は、携帯電話の普及がピークになったこと、インターネット上で振込先口座が売買されたことなどから、多くの人が二十一世紀型の犯罪だと思っています。

犯罪に利用されたプリペイド携帯やインターネットでの振込先口座売買が、犯人を検挙しづらくしているのは、この詐欺でのひとつの側面といえます。しかし、これだけ多くの人が被害にあったのは、いくつかの要因が重なったためです。

原型は「スパニッシュ・プリズナー」

四百年以上も前から続くとされている詐欺に「スパニッシュ・プリズナー」と呼ばれる古典的な手口があります。

当時は、もちろんインターネットも携帯電話もありませんから、この詐欺は当初、手紙で行われました。手紙の差出人は外国の刑務所に囚《とら》われているスペイン人、もしくは、その知人です。そこには、「刑務所の看守を買収するだけのお金を一時的に用立ててくれれば、隠し口座の大金を動かすことができる。もちろん、用立ててくれたお金は、すぐに返済するし、口座を動かせられれば、その一部をお礼として渡しても良いので助けてほしい」という要望が書かれています。

この詐欺のバリエーションは多く、アメリカ人がキューバやメキシコに囚われていたり、銀行口座の代わりに税関で押収されたトランクに隠された現金、麻薬取引の利益、古くは宝石、金貨など、さまざまなものがあります。

そんな内容の手紙が実業家などの経済人に大量に送られ、現在のアメリカでは日本の旧郵政公社にあたるＵＳＰＳが、「スパニッシュ・プリズナー」に対して警告を出すほどの被害になりました。

振り込め詐欺とスパニッシュ・プリズナーの共通点

「振り込め詐欺」と「スパニッシュ・プリズナー」にはいくつかの共通点がありま す。第一の共通点は、援助の手を差し伸べる部分です。「振り込め詐欺」では、トラブルに巻き込まれ、そこから抜け出すために、示談金などという名目のお金を振り込ませます。一方、「スパニッシュ・プリズナー」では、刑務所の囚人という身動きのとれない者のために、賄賂《わいろ》などを送る手口です。

相手が困難な状況にいて、自分に助けを求められているときに、それをむげに断ろうとすることはなかなかできません。それが「振り込め詐欺」のように身内を装った者である場合はなおさらです。

ことわざにあるように「美徳はそれ自体に報酬がある」という教訓も、詐欺師には有利に働きます。人を助けるという行為そのものがもたらす、責任感や満足感が、電話口や手紙の内容の不審点を見抜きづらくさせる要因のひとつでもあります。

振り込め詐欺の中には、税金の還付をするために一時的にお金を振り込ませるものもあります。このようなケースでは、大金を受け取るための送金、身内が詐欺に登場しないという部分において「スパニッシュ・プリズナー」に、より近い形になっています。

もうひとつの盲点、パラ・ランゲージ

電話を使った詐欺の欠点は、パラ・ランゲージ（周辺言語）にあります。この場合のパラ・ランゲージというのは、声のトーン、話すスピード、息を継ぐタイミング、口調から感じ取れる相手の感情（焦り、緊張感）などです。

人間は、ウソをつこうとするときには筋肉が緊張します。それは、身体がこわばったり、手や足を揺らしたり、目が泳いだりする、無意味な繰り返しの動きなどに顕著に現れます。いわゆる、挙動不審と呼ばれる行動です。

喉で声を作り出す声帯や、息をコントロールする横隔膜も筋肉ですから例外ではありません。具体的には、ウソをつくときには声のトーンが上がり、話すテンポが速く

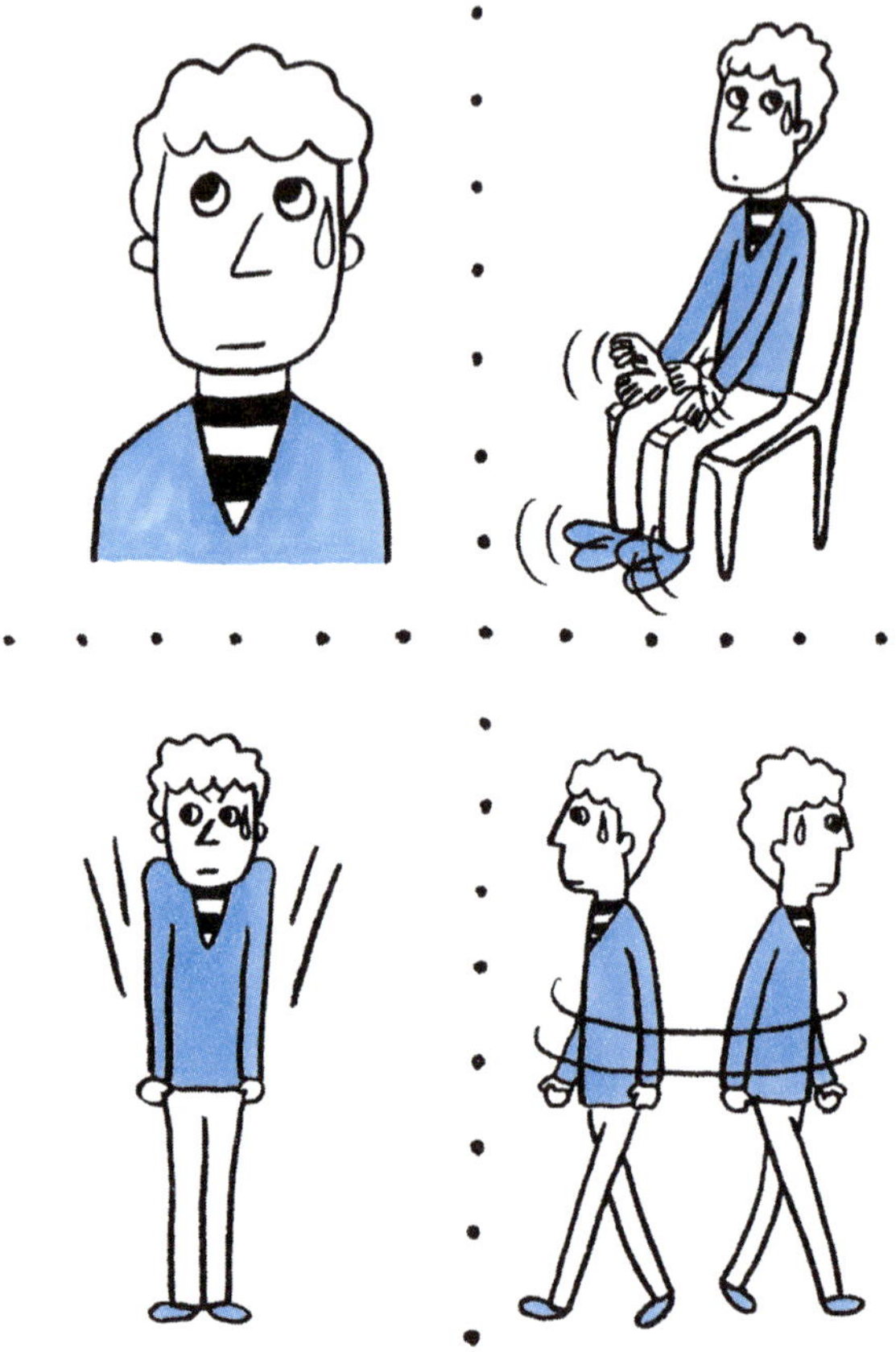

なります。

「振り込め詐欺」以前の電話詐欺が、ここまで大きな被害をもたらさなかったのは、電話口の相手の声の「何となくアヤシい雰囲気」を多くの人が感じ取ることができたからです。日常でも、配偶者の隠し事を何となく感じ取ったりするのは、このようなパラ・ランゲージによるものが多くあります。

しかし、振り込め詐欺のほとんどのケースでは、電話口に登場する身内の役にしても、警察官、弁護士をかたる詐欺師の声が、トーンが高く、焦りや緊張感に満ちていても不自然には聞こえなくなります。詐欺師が設定した事故や事件というトラブルの渦中では、そんな不自然な声が、逆に、電話を受けた被害者にとっては信憑性を増します。

このような詐欺の多くでは、「すぐに示談金を振り込まないと、窮地から逃れられない」といった説明がなされます。すぐに振り込ませなければ、電話を受けた人が誰かに相談するなどしてしまうと、詐欺そのものが失敗してしまうからです。緊急を要する言葉と、声のトーン、そして不自然な声が自然に聞こえる設定などが渾然一体《こんぜんいったい》となって、「振り込め詐欺」がここまで被害を生んでしまったものと推測できます。

被害者にならないために

こうした被害にあわないようにするには、大きく分けて二つの防衛策があります。ひとつは、報道や銀行窓口の警告にあるように、振り込む前に注意喚起を行う方法です。いわゆる、水際で被害を食い止める対策といえます。また、携帯電話や銀行口座の売買に対しての罰則や、詐欺の口座を凍結して被害者に還元する法案などの整備も行われています。

こうした第三者に依存する防衛策のデメリットは、騙《だま》されてしまってから対処するので救済の確率が下がることです。たとえば、銀行で注意喚起をされなかったり、口座凍結に時間がかかり、全額を引き出されてしまったあとでは、被害を回復することはできません。

もう一方の防衛策は、電話口の相手の話にできる限り騙されないようにすることです。新聞やテレビなどで報道されるニュースなどで、流行の詐欺の手口などを知ることも大切ですが、新たな詐欺などには対処することができません。まずは、話の内容を精査することから始まり、「アヤシい話し振り」というパラ・ランゲージを聞き逃さないことも大切です。

肉体的、物理的な変化を伴う信号、パラ・ランゲージ

パラ・ランゲージについて知ることは、直感や第六感などを養うこととは違います。超能力でもありませんし、特殊な技能ではありません。肉体的な、物理的な変化を伴う信号ともいえます。

嘘発見機として有名なポリグラフは、手のひらの発汗と脈拍などを測定して真偽を判定しました。最近では、声をマイクロプロセッサ処理して、声帯の緊張などからウソを判定する技術も開発されています。

もちろん、そんな機械を持っていなくても、パラ・ランゲージを含む無意識な感情の現れは、誰でも注意して観察すれば見つけることができるものです。

言葉ではウソをつけても、欲求や願望の感情が他人に伝えてしまう無意識な信号について、人間行動学者のデズモンド・モリスは「身体が教えてくれる人間の本性についての知識を無視してしまうことは、とんでもないことである」と著書の『ボディウ

ォッチング』（小学館ライブラリー）の中で述べています。

先にも触れましたが、パラ・ランゲージは周辺言語とも呼ばれ、言葉以外の音の情報です。ここではもう少し詳細に説明していきます。

パラ・ランゲージはさまざまな部分に現れる

人間は多くの場合、ストレス下に置かれたり、高揚すると筋肉を緊張させます。呼吸数が増え、心臓の鼓動が速くなり体温が上昇します。唾液の分泌が少なくなることもあります。愛の告白をしたり、緊張したり、ウソをついたりするときに「胸がドキドキした。ハラハラした」というのは、そんな状況を表現したものです。

●声のピッチ（音の高低）

声は、喉を通る空気が声帯を振動させてつくられます。声帯は筋肉でつくられていて、収縮させると高い音、緩めると低い、もしくは無声音となります。ウソをついたときや、怒り、過度の喜びのときは、声帯がストレスを感じて、声が甲高くなったり、裏返ったりすることもあります。また、ピッチのコントロールができにくくなるので、フレーズが高音のまま平坦になる場合もあります。

●話す速度

話のスピードは、呼吸のスピードと深い関係があります。吐く息によって、声がつくられることを考えれば当然のことです。人は呼吸が速いときに、息継ぎの場所を変えて話すスピードをコントロールすることはほとんどなく、普段のときと同じ息継ぎで話そうとします。その結果、呼吸が速くなる、すなわち緊張すると、話すテンポが速くなります。逆に、朝起きたばかりにいう「おはよう」という単純なフレーズでさえも、ゆっくりになるのは、睡眠中の呼吸スピードが遅くなっているためです。

●声の音量

声の音量は、主に肺の下部にある横隔膜と呼ばれる筋肉でコントロールされています。緊張すると横隔膜や声帯が緊張しすぎて声が出なくなったり、逆に声が大きくなったりする人もいます。緊張下では強弱のコントロールがしづらくなり、小さな声でボソボソしゃべったり、急に大きな声を出したりします。リラックスしているときは、環境の音などに合わせて適切な声量で発声されることがほとんどです。

●間

即興的なウソをつく場合、普段なら答えられる単純な質問に対しても不自然な間ができることがあります。用意周到なウソの場合には、会話のうえで自然なテンポで進むように感じることもありますが、間ができなくても、同じフレーズを繰り返したり、意味不明な返答、質問を聞き返すなどをすることもあります。

●調子

言葉にウソや隠し事などが含まれる場合、変に芝居がかったり、ストレスによる顔の筋肉のこわばりから、怒っているように聞こえる場合もあります。「猫なで声」と呼ばれる、優しさや親しさを装った声に不自然さを覚えることもあります。

無視してしまうのは、とんでもないこと

誤解しないでいただきたいのは「人を見たら泥棒と思え」という意味ではありません。中立的な立場に立ち、相手の言葉に耳を傾けるという前提は大切です。そういう意味では、ウソは偶然から発見されることがほとんどです。

誰かと会話をして、何か不自然な感じを受けたとき、そのことを気にとめておくことは大切です。もしそれが、重要なこと、たとえば、金銭の問題であったり、健康や安全に関わることであれば、別の方法で真実を確かめることは必要なことです。不自然であるにもかかわらず「気のせいかも……」と見過ごすのではなく、何がそう感じさせたのかと想いを巡らせたり分析することはムダではありません。

付け加えて述べるならば、先に説明したパラ・ランゲージだけをもって、ウソをついていると断言したり、糾弾したりするのは、同様にフェアではありません。パラ・ランゲージから得る情報は、何かに疑問を抱くキッカケであって、ウソをついている証拠そのものではありません。大切なことはモリスがいうように、「無視してしまうのは、とんでもないこと」なのです。

Number 08

観客に想像してもらう

観客が頭に描くこと

マジックについての観客の反応にはさまざまなものがあります。なかには、「きっとあのマジックは、観客に気がつかれないように、トランプをすり替えているんだよ」なんていうコメントを耳にすることもあります。マジックを始めたばかりの頃は、そんなことを聞くたびにドキリとしていましたが、しばらくしてそれが観客の想像であることに気がついてからは、それほど気にならなくなりました。

面白いことに、マジックの秘密に言及したがる観客の多くは「すり替え」という言葉をよく使います。

目が早いか、手が早いか

昔の興行師たちは、マジックを見せるときにこんな口上を好んで使いました。

「これからご覧の早業《はやわざ》は、皆さんの目が早いのか、マジシャンの手が早いのか、お立ち合い、お立ち合い！」

古い英語でマジシャンは「prestidigitator（速い指先を持つ者）」と呼ばれました。「presto」は「速い」、「digit」はデジタルの語源になった「指」、そして「人」などを表す「or（または er）」というわけです。しかし、このような口上や呼び名は、人間の歴史の中の詩的な表現にすぎません。

マジックの秘密を少しだけ説明すると、「すり替える」というトリックの解決方法がないわけではありません。しかし、星の数ほどあるトリックでは、「すり替える」という秘密は、ごく一部といえます。

先ほどの表現が、ある意味、マジシャンの本当の秘密を守ってきた側面はありますが、同時にマジックの秘密に対して誤解を生むことになりました。

どんなに特殊な訓練をしても、人間の手や指の筋肉の動きは、視神経の反応速度を超えることはできないからです。

なぜ、「すり替え」という言葉を使いたがるのか？

それでも、人々が「すり替え」という言葉を使いたがるのは、その言葉を使うことによって、何か、マジックの秘密の一部を共有したような感覚を持つからです。マジシャンがショーの中で「すり替え」という単語をセリフに使うと、そういった観客が「すり替え」とコメントすることが驚くほど少なくなります。

たとえば、「この封筒は『すり替え』られないように、観客の一人に預けておきます」や「カードの表にサインをしてもらいます。そうすれば世界で一枚だけのカードですから、他のカードと『すり替え』ることはできなくなります」などです。

しかし、このセリフにもデメリットがあります。本書冒頭の「タネもシカケもないハンカチ」で説明したように、「すり替え」という言葉を使うことによって、そのこ

とを夢にも思っていない観客に「すり替え」を示唆してしまうおそれがあるからです。

「まだ」という不可解な言葉

そこで、「まだ、すり替えていない」というセリフに変えてみることにしました。この「まだ」という言葉は、「未《いま》だ」の転用で、「もう宿題は終わりましたか?」という質問に、「まだ、終わっていません」というふうに使われます。この会話では、宿題が進行中であることが想像できます。ところが、ときどき、返答として「まだやっていない」と答えるケースがあります。たぶん、本人は「始める予定はあるのだけれど、まだそこまでには至っていない」という意図なのでしょうが、聞く側にしてみれば、やるかやらないのかを知ることができません。

他人からの依頼に対しては、こういった返答は相手に良くない印象を与えます。たとえば、上司から依頼された書類の完成をたずねられて、「まだ、やっていません」と答えたとしたら、スケジュールの管理能力が低いと思われてもしかたありません。

ところが、自発的行為に関しては、それほど聞く者を不快にさせず、その予定をあいまいにすることができます。「まだ、釣りはやっていません」というのは、将来的に釣りをすることには何も触れていないのです。

「まだ、(カードを)すり替えていません」というセリフは、「すり替えるかもしれないし、すり替えないかもしれない」という意図を観客に伝えます。もし、「トリックの秘密はすり替えに決まっている」と思い浮かべている人がいたら、自分の思考が読まれたことをガッカリするかもしれません。

いずれにしても、この不可解なセリフはマジックの秘密に注目したがる人を混乱させることになり、マジシャンが意図した通りにもなります。

プライベートな質問の差し戻し

25ページで簡単に触れましたが、「結婚はしないんですか?」とプライベートなことに踏み込む質問をされたとき、人の反応はさまざまです。「なかなか、良い出会いがなくて……」という答えで、お茶を濁《にご》すことができる人もいれば、その質問を受けるたびに内心穏やかではない人もいると思います。

確かに、このような質問はプライベート、それも家族や親しい友人でさえも注意を払うべきものですから、そんな質問を投げかけることが問題かもしれません。しかし、そういった質問を受けるたびに気分を損ねたり、「出会いがない」という、何か運が悪いような、奇妙な言動をとる必要はありません。その答えが、奇妙な謙遜さだと気がつかずに、人を紹介されて困ることもあります。

相手に「その質問はプライベートなことで、気軽に話すジャンルの話ではありません」と理解してもらうには、ときには相手に質問を差し戻すことも必要です。

たとえば、「結婚はしないんですか？」と聞かれたら、「まだ、結婚はしません」と答えれば、相手は「まだ」という言葉の意味を心の中で探ることになります。マジシャンのセリフと同じように「結婚するかもしれないし、しないかもしれない」「状況に応じて」という意味です。

せっかちな人は、「『まだ』とは、いったい、いつなんだ」と聞き返すかもしれません。そうしたら「いいタイミングがあれば……」と答えて、もう一度、質問を相手に差し戻します。もし、相手が上司で、ユーモアを理解するセンスの持ち主であるならば、「給料が、もう少し上がったら……」と答えてもいいかもしれません。

他人とコミュニケーションをとっているときに、プライバシーな話題に触れそうになることがあります。相手に悪意はないことがほとんどですから、「それは、プライベートな質問です」と答えて、雰囲気を悪くするのも考えものです。それでもなお、自分のプライバシーは守らなければなりません。ついうっかり口から出た余計な質問には、余計な言葉を付け加えて、一度質問を差し戻して、相手に質問の真意を理解してもらうことも大切です。

Number 09

身体は性善説、精神は……

マジックがウケなかったこと

新聞などのインタビューを受けると、「日本と海外の観客のリアクションの違いはありますか？」という質問をよく受けます。

アメリカから日本に帰国したときに、自分のマジックが思っているほど拍手をもらえない時期がありました。そのときは、自分のマジックが未熟で至らなかったのだと思い込んでいたのですが、しばらくして、ハワイのコンベンションにゲスト出演したことがありました。そうすると、自分が思ったように観客にウケる。

もし、そのときにインタビューに答えていたとしたら「海外のほうがリアクションが大きい」と答えていたことでしょう。しかし、現在では「外国も日本も変わらない」と答えています。

なぜなら、アメリカから日本に戻ったばかりの頃は、アメリカで習って、その観客用のためにつくられたマジックを、そのまま日本で演じたわけですから、ウケるはずがありません。まるで、アメリカで売れている商品を、そのまま日本に持ってきても売れないことがあるのと似ています。

そのことに気がついてから、日本人に向いた演出、スピードに変えていくと、観客の反応が自分が望んだように徐々に変わっていきました。

あれから、二十年ばかりが過ぎて、世界中の大きな都市の価値観がそれほど変わらなくなってきました。エンターテイメントのジャンルでは特にです。ハリウッド映画は、ニューヨーク、パリ、ロンドン、東京などで同時公開され、バレエ、オペラドラマなども、日本にいながら、外国の作品を堪能することも多くなりました。

いまでは、外国向けにつくったマジックを日本で演じても、観客はまったく同じように拍手をしてくれます。

身体は性善説、精神は……

73ページで説明したように、言葉でウソをついたとしても、身体の筋肉は緊張をして、不自然さを周囲の人に悟らせます。人間の身体の反応はとても正直で、精神と身体を分けて考えるならば身体は性善説といえます。

性善説というのは、法や刑を厳しくして振る舞いを型にはめるよりも、人間の内面の道徳心を信じて伸ばそうとする考えです。意識から生み出される言葉には、ときどきウソが混じりますが、身体がウソをつくことは一般的には極めて少ないといえます。

それに対して、精神は性悪説といえます。性悪説の「悪」という字は、「犯罪や、それに近いこと」を指しているのではありません。自然な欲求のことです。

性悪説が示すのは、環境や教育、努力などによって人間の質が決定づけられることです。

マジックを始めたばかりの頃に、海外と国内で観客の反応が違うというのは、マジシャンとして中身は変わらないわけですから、環境に依存していることになります。

もし、性善説が示すように、私のマジックが生まれ持った資質であるならば、こういった差異は生まれないことになります。

パラ・ランゲージがその文化や環境に依存する例は多くあります。スペイン人、イタリア人の多くは他のヨーロッパ人に比べて声も大きく、手振りをよく使います。イギリス人は、相手に対する尊敬の念を低い声のトーンで表現しているかのようです。

ですから、そういった異なる環境では、パラ・ランゲージが自分の知っているモノと違うからといって、何か隠し事をしていると思うのは性急です。ロンドンの一部の人たちは、普段からピッチの高い声で早口で捲《まく》し立てることもあります。

パラ・ランゲージをコントロールできる人々

俳優は役柄になりきり、観客にそれを信じ込ませます。舞台の上やスクリーンに映された振る舞いやセリフに疑いの念を抱かせません。もし、ある俳優の身体やパラ・ランゲージがウソをつけずにいたらどうなるでしょう。劇中では「愛している」とセリフをいっても、恋愛が虚構であり、実は、その俳優と女優が不仲であることが観客に知られてしまうことも、ありえてしまいます。

マジシャンも同様に、シカケのある道具を、それがないように振る舞わなければなりません。観客が選んだカードを、ある時点で知ったとしても、そのことを知らないようにセリフをいわなければなりません。現代演劇の父といわれたスタニスラフスキーは、「俳優の個人生活は役の生活とは一致しない」と説明しました。

スタニスラフスキーが現代の演劇に必要だと考えたのは、意識してつくられた、それまでの型にはまった言動や振る舞いではなく、自然に生まれた感情と行動でした。表面的なウソには人々は騙されないというわけです。

スタニスラフスキーとその仲間が構築した、演技法を一言で述べることは不可能ですが、彼が取り入れた方法は、言葉の裏側に存在する理性と感情に気がつき、それを体現することです。無意識から生み出される感覚を観察して、それを身体で再現し、感覚に戻すという、人間本来の欲求と習得や努力が同居した性悪説の組み合わせといえます。

Number 10

マジックとウソ

パーティーでのサプライズ

マジシャンは「騙《だま》すことのプロ」といわれることが多くありますが、それは本当でしょうか？

友人のマジシャンの誕生日に「何かサプライズを」という話になりました。普通は、マジックを見せたり、マジシャンを用意しておくこと自体がサプライズになるのですが、今回は誕生日の主役がプロのマジシャンなので、そうもいきません。

というわけで、私がウエイターのフリをして注文をとり、どこまで気がつかないか、マジシャンがマジシャンを騙すには、マジック以外でということになりました。

場所は、パークハイアット東京の中のジランドールというレストランだったのですが、ここでは二つのことが有利に働きました。ひとつは、レストランのサービススタッフの制服が黒のジャケットにタイという、準備が難しいものではないこと。もうひとつは、そのホテルのスタッフが「サプライズ」という特別な演出に慣れていることです。

「スタッフが特別な演出に慣れている」というのは、とても大切です。たとえば、主役を騙すためには先にレストランに到着して、隠れて待たなければなりません。もし、私が柱の陰に隠れて待つのだとしたら、レストランの客全員に、不審人物だと思われてしまうことになります。約束の時間よりも十五分くらい早めに行き、テーブル担当のスタッフに「サプライズなので……」と告げると、日曜の夜という混雑している時間にもかかわらず、すぐに目立たずに全体を見渡せるテーブルとメニューを用意してくれました

最後に、レセプションの女性に、「おつれの方が、もういらしています」といわないようにと口止めをして、主役が到着するのを待つことにしました。

主役が席に着くと、主役の視線に触れないように背後から回り込み、メニューを開

いて差し出します。この段階では、まだ気がついていません。調子に乗って、数回練習した「こちらのメニューが期間限定でやっております、プロバンスの……」というセリフをいったところで、主役がビックリして振り向きました。

お互いに、皆で笑ってサプライズは成功しましたが、想像したよりもずっと早く相手がわかったことに気がつきました。

「どこで、どんなふうに気がつきましたか？」と相手に聞くと、一番の理由は声だったと答えました。きっとこれをお読みの方は、「声でバレるのは当たり前ではないか」と考えると思いますが、私としては「声で気がつかれる」とは夢にも思っていないので、間が抜けています。さまざまな準備を入念にしても、些細《ささい》なことでウソがバレてしまう難しさを実感しました。

日常の中でさり気なくつかれるウソには、このような「劇場型のウソ（舞台となる場所と登場人物が複数いるウソ）」は、そんなにありません。

しかし、何か、自分にとって都合の悪いことを隠したり、相手を喜ばせるウソをついてしまったり、それを耳にする経験は誰にでもあると思います。それが、劇場型であっても、日常の罪のないものであっても、ウソには共通した特徴があります。

ウソは思っているよりバレやすい

ウソには次のようなさまざまな特徴があります。

●バレていることが本人に通知されないことがある

日常の会話の中で、不自然なことを聞いたとしても、あまり深く追及することはありません。

たとえば、「私は最高学府を卒業しています」というウソを聞いたときに、人は心の中で詮索することはあるかもしれません。しかし、そのときは「えっ、本当ですか。スゴいですねぇ」と確認する程度にとどまります。何かのキッカケで、それを聞いた人がウソだと知ったときに、「それがウソだと判明した」ことを本人に伝えることは、相手が配偶者や恋人、子供でもない限り、ほとんどありません。大人の社会では、度を越した糾弾が人間関係を壊してしまうことを、多くの人が知っているからです。そのために、ウソをついた本人だけが、バレていないと信じている状態が続くことになります。

もちろん、その詐称が公職などの社会的影響力を持つ場合は糾弾され、本人に通知されることがあるのはご存じの通りです。

また「サプライズパーティー」のように、ウソであることを知らせるのを目的にした場合も除かれます。

●ウソは拡散する性質を持っている

ウソは、その内容が人の興味を引くことがほとんどです。人が感心するからこそ、それについてウソをつく必要があるからです。学歴や家柄、財産など、隠し事を含めれば、ウソの題材は星の数ほどあります。

感心される内容は、人の口から口に伝播し、それに伴って、ウソがバレるキッカケを増やしていきます。先に例をあげた「学歴の詐称」も、話題に上り続けた末に、その学校の卒業生に行き当たり、「担当教授はどなたでしたか？」と聞かれてシドロモドロになってしまうことも少なくありません。

また、同じように「ウソをついた」や「ウソかもしれない」という話題も、人のウワサに上りやすい性質があります。ウソがバレても、バレなくても、人から人へ伝播していくことは免れません。

●人間は空想の空間を共有できない

多くのウソは二つのことを同時にしなければなりません。本当のことを隠すことと、架空の出来事をつくり上げることです。たとえば、「会議のフリをしてゴルフに行く」というウソでは、ゴルフに行った形跡を相手に悟らせないと同時に、会議でどんなことがあったかをつくり上げる必要があります。

そういったことに慣れた人、想像力にあふれ、総合的な合理性を調整できる人にとっては、あまり難しいことではありません。過去の記憶の中から、会議のシーンを思い出し、それをつなぎ合わせて昨日起きたことのように話し、聞く人を納得させるかもしれません。

しかし、本当に難しいのは、ウソのつくりあげた空間を他人と共有できないことです。一緒にゴルフに行った仲間に「今日は家族には会議ということにしておいて」と釘を刺しておいても、メンバー全員がウソに慣れているわけではありません。ついうっかり、別の誰かが、その話題に触れたときに身を硬くしてしまうことも起きてしまいます。

仮に、全員が想像力にあふれていて、一見、完璧な空想の世界を構築したとしても、それぞれの頭の中の出来事がくい違ってしまうのは、ごく当然のことです。相手の頭の中のシーンが見えないからです。空想の世界を構築する映画やドラマに綿密な台本が用意されているのは、やはり理由があるのです。

●時間に対して耐性がない

ウソには賞味期限にも似た時間制限があることも、あまり知られていません。たとえば、「振り込め詐欺」においては、被害者がお金を振り込むまでのあいだだけでも、ウソの内容が信じられていれば十分なのです（執筆時では「被害金返還法案」が採択されておらず、その成立後は、もう少し長いウソの言い訳を詐欺師が用意するおそれがあります）。だからこそ、詐欺師は早く振り込むようにと急かすわけです。

どんなウソでも、先にあげたような理由から、時間がたてば最後にはバレてしまいます。それは、罪のないウソであっても同じです。

よく「歴史の中で長い間、信じられてきたウソ」と説明されることがあります。

たとえば、フランス革命の発端となったと伝えられる、フランス国民が飢えていると聞かされたときのマリー・アントワネットの「パンがなければ、ケーキを食べればいいじゃない」という有名なセリフがあります。後になって、この言葉はマリー・アントワネットの言葉ではないことが、現代アメリカ社会評論家カール・シファキスの著書の中で述べられています。

〈実際には、「ケーキを食べればいい」のエピソードは、マリー・アントワネット以前からあったものだった。ジャン・ジャック・ルソーは『告白』の中で、このエピソードを名前不明のある「位の高い女性」の発言として書き留めている。（中略）しかも、ルソーの文章をよく読めば、彼がその発言について聞いたのは一七四〇年頃のことで、マリー・アントワネットの誕生よりも十五年も前だったことがわかる。〉（『詐欺とペテンの大百科』・鶴田文訳・青土社）

しかし、これがマリー・アントワネットの言葉であると、いまでも多くの人に信じられています。伝聞が人々に誤解を与え、しばらくして、疑問に思った人々に検証され否定される、そんなサイクルが歴史で繰り返されます。ひとつのウソやデマの寿命は短くても、もう一度同じウソやデマを、別の人間が無責任に持ち出せば、そのウソは新たな生命を持つことになります。

マリー・アントワネットのような特別なケースを除いては、ほとんどのケースでは、ウソはとてもリスクがあります。多くの人が考えるのに反して、ウソはバレやすいうえに信用を失いかねません。

よく「マジシャンは騙すことが得意」と表現されることもありますが、それは誤解です。マジシャンはウソをつくことのリスクを多少は知っているという表現であれば、それに異論はありません。

Part4

言葉遣いと服装も大事な要素

Number 11

時代とともに変化するマジシャンの服装

「シャツ」と「オレ」

週に二、三回ほど、ブログにエントリーを書いています。ブログというのは、ウエッブ・ログの略で、インターネット上に公開する日記のようなものです。日本には二百万人の利用者がいるという報告もあるので、これをお読みの方にもお馴染《なじ》みかもしれません。

そのブログにプライベートなシーンとして、ジャケットを着ていない写真を載せたことがあります。オーソドックスな薄いオレンジで襟のついたシャツでしたが、その日記を見た方々から思わぬ反響をもらいました。「ジャケットを着ていないシャツ姿が意外」というわけです。

「笑っていいとも！」という番組のトークゲストに出演したときに、司会のタモリさんとの会話の中で、自分のことを指して「オレ」と表現したときも同様の反響でした。タモリさんの親しげな話し振りに合わせて自然に口にしたのですが、『オレ』という言葉遣いが意外」という方が多くて驚きました。

考えてみれば、メディアなどを通して出演するときや、ショーなどでパブリックな場所に立つときは、フォーマルな格好や言葉遣いです。それ以外はなかなか想像できないというのも、わかるような気がします。

この「服装や言葉遣いが意外」という反響は、言葉と服装の相関について考える発端になりました。

燕尾服《えんびふく》を着たマジシャン

海外では、まだまだ燕尾服を着たマジシャンを目にすることが多くあります。燕尾服はテール・コート（しっぽ付き上着）といわれるように、ジャケットの背の部分が

ツバメの尾のように長く割れています。西洋人は、さすがに洋服に合った体型だけあって、どのマジシャンも素敵に見えます。しかし、ひとたび動き出すとマジシャンとしての卓越さがハッキリ現れるようになります。

それは、現代社会では日常でテール・コートを着ることが皆無になったため、しっぽの扱いに慣れているマジシャンと、慣れていないマジシャンの違いが明らかになることです。テール・コートを着慣れた経験の長いマジシャンは、とてもエレガントに振る舞います。しかし、どんなにスタイルが良くても、それを着慣れない若いマジシャンは、どうもしっぽが邪魔になるようです。

これは外国のこと、と笑ってもいられません。きっと和服を着慣れない日本人を外国人が見たときに、同様の不自然さを見出すことでしょう。

舞台での燕尾服にしても、和服にしても「着慣れていない」というのは、ある種のぎこちなさを生み出します。言葉も同様に、普段使わない言葉遣いを急にすることはできません。

言葉は不可解で、尊敬語、謙譲語、美化語などを使い分ける必要があるうえに、話す人の気持ちや立場に合わせて変化します。書店に並んだ日本語に関する書籍を眺めるだけでも、完璧に使うことは不可能かと思うほどです。

三つの言葉遣いのガイドライン

ここに三つの簡単なガイドラインを説明します。どれも私が守っているもので、ガイドラインに従えば、フォーマル、カジュアルでどんな相手にも使うことができます。

ガイドライン1 自分の立場に甘えない

言葉に関しては、自分が学生であるとか、経験がないから、知らないからという立場に甘えてはなりません。「知らなかったのだからしかたがない」というのは、許容する相手が使うもので、自分を弁護する言葉には向きません。言葉は、他の財産とは違い、誰にでも平等です。わからない言葉があれば、人にたずねたり、辞典やインターネット上の信用ある辞書サイトで調べることができます。新聞や専門誌などでも、新しい言葉の解説を知ることができます。

他人が使っていたからといって、意味が半信半疑ならば使うことは避けます。

ガイドライン2 相手のことに言及するときは、認知している言葉だけで表現する

同席している人を不愉快にさせないというのは、服装やテーブルマナーとほぼ同じです。自分に対して間違った日本語の表現をしても笑い話ですみますが、相手に対して間違った表現はリスクが高くなります。

相手の習慣を「こだわり」といったり、相手を選定したことを「白羽の矢を立てた」などとたとえると、自分の信用をなくし相手を怒らせることになります（「こだわり」は些細《ささい》なことにとらわれるなどの意。「白羽の矢を立てる」は犠牲者として選び出されるの意）。

確かに、日本語は難しいですが、自分が確実に知っている単語だけで十分にコミュニケーションがとれるはずです。もし語彙《ごい》が足りないと感じるならば、定評のある書籍や編集のしっかりされた定期刊行物を読むのもいいでしょう。

ガイドライン3 言葉が生まれる一歩手前の自分の心を知る

日本語が難しいとされるのは、自分の立場によって使う言葉が変わることです。よく例にあげられる、社外からの電話と内線の上司の呼称の違いは、自分が心に持つ社外に対する責任があれば、言い間違えることは少なくなります。

尊敬の心なしに敬語を使うのはかなり至難の業です。たとえ表面上の敬語を使ったとしても、その効果は失われることになるでしょう。ですから、敬語を使う相手に対して、何が尊敬できるかを見つけることです。

カジュアルな言葉を使うこともまた同様です。友人や家族に使う、飾りのない言葉遣い、ときとしては粗野になってしまう表現が、自分の心の中でどう生まれるかを考えてみます。親しさや、本人のためを思っての厳しい言い方ならばいいでしょうが、相手を軽んじたり、バカにするため、社会的な誤解によるものであるなら、考えを改める必要があります。そうした考えの改めは、自然と言葉遣いの違いになって現れます。

脳科学者の池谷裕二さんは、著書の『進化しすぎた脳』（朝日出版社）の中で、「ウェルニッケ失語症」を例にとって、言語と抽象的な思考の関係を示唆しています。

概念を知ると意外にラクな言葉

日本語だけでなく、たとえば、英語を習うときにも、言葉と心に浮かぶ概念は役に立ちます。「リンゴ」が「apple」というような名詞はまだしも、前置詞や副詞は使い方も複雑で頭を悩ませます。

たとえば、「on」という単語は、前置詞で十四種類の意味、副詞として四種類の意味があります（『新英和中辞典　第六版』・研究社）。私も最初は、多くの人が習うように「on」は「～の上に」ということから覚えました。しかし、壁に貼られた張り紙にも「on」は使われますし、曜日の前にも、女性のメイク、服を着ることを言い表すのにも使われます。何しろ、前置詞的用法だけで十四種類も意味があるのですから。

そんなことに悩みながら、私がアメリカでしばらく暮らしているとき、友人のアメリカ人はこんなふうに説明してくれました。「『on』なんて簡単さ、何かに貼りついていることをイメージすればいいんだ」と、噛んでいたチューインガムを口から出して壁に貼りつけてみせました。

確かにそうイメージすれば、接触、付着、軸、名誉、所属、曜日（日にちにくっついているとして）など、多くの「on」の使い方に納得がいきます。

名詞も同様で、「uni」がラテン語の「一つ」を意味していることがイメージできて「bicycle（自転車）」という単語を知っていれば、「unicycle」が一輪車であることを容易に想像できます。同様に三輪車が「tricycle」であることも推測できます（「bi」は「二つ」、「tri」は「三つ」を意味しています）。

二か国語を話す人が「bilingual」ならば、三か国語を話す人は「trilingual」になります。ちなみに、「lingual」はラテン語で「舌」を意味していて、「language（言語）」の語源になっています。

このように、言葉の本来のイメージや、ルーツを頭に描くことによって覚えると、英単語の数が飛躍的に伸びることになります。

服装と言葉

服装にしても、言葉にしても、歴史の中でどう変わっていったかを知ることはムダではありません。しかし、それは一生懸命勉強するというよりも、尊敬語、謙譲語、美化語といった、複雑な言葉を使うほうが、ずっとラクになるからです。

もしかしたら、言語学者の先生には、「言葉をファッションにたとえるなど、けしからん……」と怒られるかもしれません。しかし、ファッション界の肩を少し持つとしたら、オーソドックスなスーツやジャケットのデザインは、そんなに大きく変わったりはしません。最新の流行だからといって、誰しもが腹を露出した服を着ているわけではありません。伝統や外国文化の服装に敬意を払うデザイナーも多く存在します。

言葉と同じように、服装は自己主張であると同時に相手に対する礼儀でもあります。服装にしても、言葉にしても、その人の思考を何となく表現し、隠すべきものを隠し、ときにはその人の魅力を引き出し、欠点をカバーします。

Number 12

記号としての言葉

指を鳴らすとカードが上がってくるマジック

観客は選んだカードにサインをします。マジシャンはそのカードをトランプの真ん中に戻し、指をパチンと鳴らすと、観客のサインしたカードがトランプの一番上から現れます。こんなマジックをご覧になった読者もいるかもしれません。このマジックはとても人気で、多くのテレビ番組で演じて話題になりました。

このマジックが多くの人たちに愛された理由は、「どんなことが起きたか」がわかりやすいからです。そして、「どの瞬間に不思議なことが起きたか」を観客が知ることができるからです。

それを説明するために、昔のマジックを考えてみます。頭にターバンを巻き、羽飾りをつけたインドふうの衣装を身にまとったマジシャンが登場します。マジシャンは木箱の内側を観客に向け、それがカラであることを見せます。箱のフタを閉じると、魔法の杖を振り上げ、「アブラカタブラ！」と呪文を唱えます。再び、箱を開けるとそこには、たくさんのフルーツが現れます。それが本物であることを証明するために、マジシャンはフルーツを観客に投げ渡します。かつては、このようなマジックは大変に好評でした。

しかし、時代が過ぎるにつれて、マジシャンは「古くさい演出法」である、エキゾチックな衣装、魔法の杖、派手な呪文を使わなくなりました。その代わりに、都会ふうの黒いジャケットを身に着け、ショーを洗練されたものに変えていきました。

しかし、マジシャンが「アブラカタブラ！」といった呪文を使わなくなった代償もあります。昔であれば、魔法の杖を振り上げ、呪文を唱えれば、観客は箱の中身を見なくても、何かが起きたであろう瞬間を知ることができました。

興味深いのは、近代になってマジシャンが捨てた魔法の杖や呪文を、二十一世紀初頭に映画界が拾い上げたことです。大ヒットした『ハリーポッター・シリーズ』や

『ロード・オブ・ザ・リング』、『ナルニア国物語』ではそんなアイテムが大活躍をします。

指をパチンと鳴らす理由

マジックにとって呪文が大切だからといって、「アブラカタブラ！」というのは、いまの時代には合いません。マジシャンが指をパチンと鳴らすのは、「どの瞬間に不思議なことが起きたのか」を観客に伝える呪文や魔法の杖の代用です。マジシャンが指を鳴らす動作が「いま、不思議なことが起きた！」というメッセージを観客に伝えます。

記号学では、そういった言葉や動作は記号とされます。たとえば、日常で何気なく交わす挨拶の「こんにちは」という言葉は、その言葉が生まれた本来の意味ではなく、「相手に敵意がないこと」「相手を気遣うこと」の記号として作用します。食事のときの「いただきます」は「お食事を頂戴します」という意味以外に、「同時に食事を始めるための号令」としての記号でもあります。

古き良き時代、田園地帯をドライブしているときに、デートの相手の女性が「花を摘みたいので、車を止めてほしい」といえば、それは「トイレに行きたい」という記号でした。そのことに気がつかない男性が「それなら、僕も手伝ってあげるよ」という返答が、いかに野暮なことかは想像できるでしょう。

記号としての言葉を使うのは詮索してほしくないとき

子供の頃に商店街を歩くと、店の軒先に「都合により、○月○日はお休みします」とか、「都合により閉店します」という張り紙を見かけました。最近では、もっと具体的に「棚卸しのため」「研修のため」「電気系統のメンテナンスのため」といった理由が添えられることが多くなりました。

退職届などにある「理由」の欄には、時代に変わらず「一身上の都合により」というのが一般的なようです。これらは「オフィシャルには理由は説明できないけれど、詮索はしないでほしい」という記号といっていいでしょう。

誰かの予定をたずねたときに、相手が「都合が悪いので……」といったときは、本当の理由をたずねる前に、自分がそれを詮索するだけの親密な間柄であるのかを再確認することが必要です。

そのような「詮索してほしくない」記号としては、「先般の事情で」「諸事情で」「野暮用で」などがありますが、現代ではやや硬い表現なので使いづらい印象があります。マジシャンが魔法の杖や大げさな呪文を使いづらくなったときと同じ状況なのかもしれません。

近い将来、「人間関係のメンテナンスのため、しばらくお休みします」などという理由が、新しい記号として通用する時代がやってくるのかもしれません。

Number 13

初対面で心をつかむ言葉とは？

ショービジネスでは最初の三十秒が重要

ショービジネスの世界では、「ショーが始まって最初の三十秒以内に観客の心をつかまなければ、そのショーは失敗に終わる確率が高い」といいます。それを耳にしたのは一九八〇年頃ですから、いまではもう少し時間が縮まっているかもしれません。

当然、多くのエンターティナーは、最初のセリフをどうするかに頭を悩ませるのですが、私がいままで聞いたセリフの中で一番感心したのは、オランダのマジシャン、トミー・ワンダーの「今日、ここに来るときにスリにあってしまい……」と始まるセリフです。

もちろん、ショーの中のセリフはすべてがフィクションですので、実際に彼がスリにあったわけではありません。このセリフが優れているのは「今日、ここに来るときに」という部分です。「いま」と「ここ」は、会話において、魔法のようなキーワードになるからです。

誰かと話しているときにつまらないと感じるのは、興味が持てない話題、自分とは無関係の内容のときです。気心の知れた、同僚や友人、家族であれば、相手の好みや趣味もわかっているので、それに添った話を選ぶこともできます。

しかし、初対面では、相手の好みを知ることはできません。いきなり趣味や好みをたずねるのも、お見合いでもない限り、相手に警戒感を与えます。

ですから、相手のプライバシーにいきなり踏み込まず、相手にとっても自分にとっても興味を引くのは、「いま」と「ここ」に関する話題です。

たとえば、天気が話題にされやすいのは「いま」と「ここ」に関係している共通の関心事だからです。

パーティーの席ならワインかチーズの話を

もしパーティーの席などで、天気の話題がオーソドックスすぎると思うのならば、「ここのチーズはイタリアのモノらしいと聞いたのですが、召し上がりましたか」と会話を始めるのもいいでしょう。チーズやワインの話は、特別な知識が絶対に必要なわけではありません。自分を飾る必要がなければ「右端の白いチーズがおいしかった」というだけでも、十分です。おいしいと思うものをおいしいと感想をいえばいいし、香りが好きだとか、色がきれいでも、もちろん話は進んでいきます。よくわからなければ、そう正直にいいます。食事の最中に「好きじゃない」「おいしくない」「食べられない」などのネガティブな感想は口にしないことが善しとされています。ただ、黙っているだけでも十分に伝わります。

ワインのラベルに記された生産年にちなんだ出来事の話でもいいですし、産地、原産国について、ワインの代表的な国のフランス、イタリア、ドイツは農業国でもあるので、それに関連して日本の野菜や果物の話でも話題はつながっていきます。

ワインはつくられるシャトーによって、ラベルのデザインが凝っているモノも多くあります。その話も意外に盛り上がります。

大切なのは、ワインにしてもチーズにしても「いま」「ここ」にあるものをキッカケに話を始めます。

万が一、「いま」「ここ」があまりにも殺風景すぎて、何も話すキッカケがなければ、「いま」を拡張して「今週」「今月」にしてもいいかもしれません。「ここ」を拡張して「このエリア」の話をしてもいいかもしれませんが、「日本は」とか「アジアは」まで広げると、他意はなくても、政治や人種の話に聞こえることもあるので注意が必要です。

手抜きの会話術

ここまで読んだ方は、「やっぱりうまいこと会話を弾ませるのは、大変なものなのだなぁ」と思っているかもしれません。しかし、ここで説明したことは、ワインやチーズがおいしい、食事の席ではネガティブな感想をいわない、話のキッカケは「いま」と「ここ」に関連したことから始める、範囲を広げてもいいけれど、国家までは広げない、というだけです。

それを何回か繰り返せば、雑学の本など読まなくても、いろいろな話題が蓄積されていきます。人から聞いた話なら「こんな話を聞いた」といえばいいし、自分が体験したことなら「こんな経験した」というだけです。

人が本当に興味を持つのは、誰かからの受け売りではなく、自分自身でどう感じて、どう思ったかということに尽きます。相手の心をつかむ会話はそんな誠実さから生まれます。さらに贅沢をいうならば、それに少しのユーモアを併せれば、いうことはありません。

ただし、どんな話でも、周囲があまり興味を示さなければ、その話題は早めに切り上げたほうが良いでしょう。

Number 14

どこまで正確な日本語を話すべきか？

人には正しい言葉を使いたいという願望がある

図書館や書店には、さまざまな言葉の使い方、正しい文の書き方などの本が多く並べられています。やはり言葉は身近で毎日使うものなので、たくさんの人が興味を持つのでしょう。「正しい言葉を使いたい」と思う気持ちも、よくわかります。

しかし、何かを話すたびに、「この言葉の使い方は合っているのだろうか？」とナーバスになったり、誰かが間違った言葉を使うたびにそれを指摘して、人間関係がギクシャクしてしまえば、それは弊害になります。何かを注意することが、優しさのこともあれば、おせっかいな場合もあるからです。

確かに、できる限り正確な言葉遣いをすることは理想です。しかし、自分の発した言葉が、相手の気持ちにどんなふうに作用し、その内容に相手の理性がどう反応するのかを知っておくことも重要です。

リスクを受け止めるならば、どんな言葉遣いでもいい

近所に、ときどき行く八百屋がありました。八百屋といっても、あるのは三面に板でつくられた壁と屋根、床は土でした。並べてある野菜は、多くて五〜六種類、少ないときには、キャベツだけしか置いていない日もありました。そこの主はお婆さんで、たぶん七十歳はとうに過ぎていたと思います。自分のことを「オレ」と呼び、敬語も丁寧語も耳にしたことはありません。「マケといてやるから」「人参も持ってけ」と、そんな具合です。穴の空いた葉もたまにありますが、どれもおいしくて安い。あるとき、そのことを伝えると、お婆さんは「オレんとこは、ホレ、農薬とオベッカが、そんなについてねぇから」といってケタケタと笑いました。

確かに、野菜のアイテム数も多く、きちんとした接客を受けたい人は、この店には

買いに来ないのかもしれません。しかし、私も含めて、そこで買い物をする客は、その野菜がおいしくて、ある程度安全で、値段も安いので、いうことはないのです。

その店の主であるお婆さんは、付加サービスを求める顧客を失うというリスクを承知で、自分の接客態度に責任を持っているのでしょう。

プライオリティの違い

インタビューを受けるときに、事前に質問表を送ってもらうことがあります。独創的な切り口の質問で、インタビューを受けることが楽しみになるのならいいのですが、なかには、「マジックにおける『こだわり』は何ですか?」という質問が混じっていることもあります。

そんな場合、事前に編集者に「できればその質問は除外してほしい」とさり気なくお願いするのですが、それでも、言葉のプロであるライターに同じ質問をされると、少し気分が重くなります。なぜなら、そんなときに限って、インタビューが事前原稿になって上がってくると、カギカッコでくくられた発言が、わざわざ話し言葉でいったにもかかわらず、書き言葉に変えてあったり、臨場感を出すためだと思いますが、文末が「だよね」になっていたりします。

一方、乱暴な口調でインタビューをされ、出来上がる原稿を想像して憂鬱《ゆううつ》な気分でいると、打って変わったように、感動的で的確な文章を送ってきたライターもいました。それもまた、プロとして、リスクを承知したスタイルなのでしょう。

オベッカをサービスしない八百屋のお婆さんも、感動的な原稿を書く乱暴な口調のインタビュアーも、プライオリティ（優先度）をよく理解している例といえます。

きっと本人に「もう少し、丁寧な物言いをすれば……」とアドバイスをした人がいたことを想像することは難しくありません。しかし、本人たちは、そんなことは百も承知なのでしょう。リスクを背負うのは承知なのだから、言葉くらい自分で選びたい、というわけです。

クロースアップ・マジシャンにとってのプライオリティは？

結論から述べれば、私にとってショーでのセリフのプライオリティは高い位置に設定しています。しかし、それは正確な日本語を話すというよりも、マジシャンの口から出る言葉によって観客の気分が左右されるからです。

たとえば、観客の目の前でトランプの封を切ったときに、私は「新品のカードは、順番に並んでいるので、余分なカードや足りないカードが混じっていても、すぐにわかります」というセリフを使いますが、この日本語は正しくありません。足りないカードは入っていないからこそ「足りない」からです。しかし、このセリフを使い続けているのは、「ないものをある」という不可解さが、マジシャンのキャラクターを潜在的に観客に感じてもらうことに一役買っているからです。

それよりも、どんなに正確な言葉を使ったとしても、それが多くの観客の気分を台無しにしてしまえば、マジシャンとしては失格だといえます。

こう述べると「それなら、正しい日本語を使い、なおかつ、観客の気分を害さないセリフを使えばいいではないか」と反論する人もいるかもしれません。しかし、小説の中の登場人物のセリフがすべて正確なフレーズではないことと同じです。完璧なことがすべてに効果を上げるとは限らないのです。

こうした言葉への態度で唯一の心配事は、私のセリフを聞いた子供がマネをして、誰かに言葉遣いを注意されることです。

確かに、正しい言葉を書いたり、話せたりすることは、どんな職業についたとしても、強力な武器になります。正確な言葉遣いが、それに関わるリスクをはるかに軽減させることもまた事実です。

けれども、考えてみれば、彼らの耳に入るすべての言葉を正確なモノにするのも、またバカげた話です。世界には、いろいろな話し方をする人たちが暮らし、それぞれが、その話し方に対してリスクを背負っているのを知ることも、また大切なことだと思っています。

三種類のマジックが十種類のマジックに

ＮＨＫの番組で、子供たちにマジックを教えたことがあります。十人の子供を三グループに分け、それぞれのグループに一種類ずつのマジックを解説しました。レッスンの最後に「教えた通りにやる必要はない」と説明すると、それぞれ、セリフや演出を変え、三つのマジックが十種類のマジックに変わりました。その遠慮のないアレンジぶりは、どれも楽しく、大人顔負けです。なかには、マジックの呪文をダンスに変えて、観客席で見ていた私も含めて、全員で踊るというシーンもありました。世界中のいろいろなマジシャンを見てきましたが、踊らされたのははじめてです。

こんなふうに、子供たちは、何かを変えてしまうことが大好きです。ですから、言葉を縮めたり伸ばしたり、音を入れ替えてしまうことなど朝飯前です。

若年層の言葉問題に対する警鐘が、ときどきメディアを賑《にぎ》わします。しかし、年長者が若い世代を心配するのは、もしかしたら歴史の中で繰り返されていることのようにも思えます。エジプトの壁に彫られた古代の文字を翻訳したら「最近の若い者は……」と書かれていたというジョークがあるほどです。

マジックと言葉を同列に考えるのは無責任なのかもしれません。しかし、子供たちは意外に、TPOをわきまえているような気がします。なぜなら、子供たちが自由に考えたセリフで意味がわからなかったものは、ほとんどなかったからです。

Part5

相手との距離を縮める サイン・ランゲージ

Number 15

他人と親しくなる会話術

「ズルい方法」

あるセレクト・ショップで買い物をしていたときのことです。お店のスタッフと新しく入る商品などについて世間話をしていたら、一緒にいた友人に「店の人とよく世間話するるね。そんなに通ってるの？　それとも知り合い？」と聞かれたことがあります。実際には、その人とは一、二度ほど顔を合わせただけでしたし、知人でもありません。

自分はそれほど社交的な性格ではありません。しかし、不思議なことに、興味があるモノについて会話を始めると、相手が初対面でもしばらく話が弾みます。友人に指摘されてはじめてそのことに気がつきました。

理由はおそらく、そんな店に入ると必ず「こんにちは」とスタッフに挨拶をする習慣のせいだろうと話すと、友人に「結構、それってズルい方法かもね」と冷やかされました。

たぶん、アメリカで店に入ったとき、ほとんどの客が店の人に挨拶するのをマネたことが、その習慣の始まりだったように記憶しています。実際、スーパーやドラッグストア以外の、接客をしてくれるタイプの店ではマナーといえます。買い物をするときは、まず店のスタッフに挨拶をして（といっても、「Hi!」ですませてしまうことがほとんどです）、ただ商品を眺めるだけなのか、特定の探し物があるのかを告げないと、冷ややかな接客しか受けられないことも多々ありました。

パリでは店のスタッフが「Bonjour! How are you」と外国人客に話しかけるのが流行だと聞きました。もっとも、これは「当店はフランス語でも、英語でもオーケーです」という意味を兼ねているようです。

私の友人が命名した「ズルい方法」では、値段を安くしてくれるようなことはありません。ただ、その店の商品に対するスタッフの思い入れや、どれくらいのスピードで在庫がなくなってしまうかなどを教えてくれます。私にとってはそれだけでも十分に有益な情報で、何よりも、買い物や、その店に滞在することがとても楽しくなります。

もうひとつは、気に入った商品があったときは、そう伝えることにしています。「とても気に入っているけれど、部屋のインテリアに合わない気がする」などと話すこともあります。ときには、その店の商品とは関係ない、スタッフが身に着けている洋服やアクセサリーを褒めることもあります（スタッフが異性の場合は、過剰に褒めると他意があると誤解されるので程々に）。

自分に合わないものにはコメントする必要がないのは、食事の席でのマナーと同じです。心にもないお世辞をいう必要はまったくありません。

急いでいるときは「時間があまりないので……」と相手に無理のない範囲で頼み、次の予定に遅刻しそうなときは、会計だけすませて後日取りにくることを告げます。壊れ物を包む厳重なエアパッキンや雨用のビニールは、車やタクシーを利用するときなど、必要ない場合は、それを伝えます。

基本は気持ちのキャッチボール

ドライに考えれば、接客というサービスは価格に含まれていると考えることもできます。しかし、それは突き詰めれば、高額な買い物をする人はサービスを多く受け、買わない人は接客を受けられないという状況になりかねません。ときには、感覚という形にはできないモノを共有したり、波長が合ったり、商品を実際に触ってみたり、それを取り扱う人の思い入れを知る、信頼関係を築くというのは、やはりお互いの気持ちの要素が強いような気がします。

茶道の話で、客が主にいう「結構なお手前で……」という慣用句を耳にしたことがあると思います。実はそれには主が客に答えて「いえいえ、貴方も結構な客ぶりで……」という続きがあります。

これには次のような面白い逸話があります。

ある茶会に、串に刺さった団子が茶菓子に出されました。まだ、庶民のあいだに茶道が始まってまもない時代でしたので、客は団子を食べ終わったあとの串を、どのような向きで皿に戻したら良いのか、その作法をとても悩みました。

客は悩んだあげく、懐紙で串を包んで自宅で捨てることにしました。茶会が終わったあと、客が主に「結構なお手前でございました」と礼をいいました。

すると、主は「いえいえ、貴兄も『結構な客ぶり（客として立派だったということ）』。茶菓子の団子を『串』まで、召し上がっていただいて……」とニコやかに答えました。


もちろん、これは、無作法者に対する主の嫌みかもしれませんし、食べにくい串付きの団子を出した主の反省の言葉だったのかもしれません。しかし、スゴいのは、このあとの客の切り返しです。


客は主の意外な返答に顔色を変えず、「いえ、先ほどの団子の串は、長さといい、太さといい、大変すばらしい出来映えなので、失礼ながら、次の茶会の参考にさせていただきたく、頂戴いたしました」と答えた。

主は「ますますもって、見事な客ぶり！」と客を賞賛しました。

ウィットに富んだ、この逸話の秀抜なところは、主は客に恥をかかせず、客は主に恥をかかせない部分です。客や主に恵まれることの幸せは、茶人だけでなく、ショップのスタッフと客も同様な気がします。そして、マジシャンと観客も変わりはありません。

まずはお互いの立ち位置を探ること

初対面の人との会話を進めるポイントのひとつは、お互いの立ち位置を探ることです（話すキッカケについては「初対面で心をつかむ言葉とは？」を参照してください）。

たとえば、お店のスタッフと客であるなら、そのジャンルのアイテムについて知りたいことがあるのか、それとも、すでにある程度そのジャンルには知識があり、特定のアイテムを探しているのかなどです。そのため、スタッフにどんな手助けをしてほしいのかをきちんと伝えます。

このような会話のスキルは、買い物だけでなくいろいろなシーンに応用できます。

たとえば、旅行中に立ち止まったバス停で、バスが来るまでの時間に、誰かと情報交換や世間話をしたい場合などです。話をスタートさせたら、旅に出てどれくらいたつのか、この場所は何回目なのか、などを相手に伝えてもいいでしょう。相手が自分よりも経験豊富とわかれば、お勧めの観光場所についてたずねたりします。逆に、自分のほうが経験があるようであれば、さり気なくアドバイスすることもいいかもしれません。お互いに、はじめての旅行者どうしという立ち位置で話すのもいいかもしれません。

注意することは、「フリ」をしないことです。買い物でも外国のバス停でも、知らないことを知っているフリをしたり、行ってもいないのに行ったフリをしないことです。パラ・ランゲージの説明でも触れたように、ウソは思っているよりも、すぐに判明するものです。答えられる範囲で、相手に誠実に接します。

ただし、他人と会話をするときは、隠すべきことは隠すことも大切です。旅行中の身の安全については、専門書などを参照してください。ここでは言及するまでもないでしょう。

Number 16

コミュニケーションを促進するサイン・ランゲージ

「好きなときにストップといってください」

カフェでコーヒーを注文したときに「お好きなときにストップとおっしゃってください」といわれ、ドキリとしたことがあります。どれくらいミルクを入れるのかをサービスの男性がたずねたときの言葉ですが、マジシャンが観客にトランプを選んでもらうときの定番のセリフで、私も数知れないほど口にしてきました。

自分がマジシャンとして使うセリフを、全然違う場所でいわれたことにも違和感を覚えましたが、コーヒーカップに注がれているミルクを見て我に返り、何とか、コーヒーをあふれさせずにすみました。

好きなところで
ストップといってください

このときにサービスの男性が、「お客様のお好みに合わせて、コーヒーにミルクを入れますので……」という言葉を省略したのは、彼が面倒くさがりというわけではなく、サイン・ランゲージのおかげです。

サイン・ランゲージというのは、ノン・バーバル・コミュニケーションのひとつで、手や表情、モノを使って、言葉を補完してコミュニケーションをとるための「しぐさ」のことです。

道を聞かれたときに、指を差して方向を教えたり、手を広げてモノの大きさをたとえたり、指で四角や三角をつくり、何かの形を表現したりします。会話の中でそういったサイン・ランゲージを使うことにより、効率良く言葉を使うことができます。

コーヒーにミルクを注ぐように手を近づけ、「ストップといってください」といえば、「お客様のお好みに合わせて……」というフレーズが省略でき、出勤時に相手の財布を見せながら「忘れ物」といえば、財布を忘れているのを、すぐに、明確に知らせることができます。日常会話をすべてサイン・ランゲージで、というのも困りますが、適度に使えば、より円滑なコミュニケーションをとることができます。

サイン・ランゲージは、いま、説明したような具体的な事象（ミルクや財布など）

の他に、抽象的な事象も示すことができます。

たとえば、人差し指と親指で輪をつくれば「お金」を意味したり、親指を立てて「承諾」や「良い」などの意味を伝えます。しかし、このようなサイン・ランゲージは、国や民族、地域によって、意味がまったく異なることがあります。日本では「お金を」意味するサインは、アメリカやヨーロッパの一部では、「ＯＫ」や「ゼロ」を意味し、紀元一世紀のローマ時代にも記録が残されているほど古いものです。

サイン・ランゲージを使う利点

日本語をはじめ多くの言語で、命令形のフレーズは短くなります。「ストップ（止まれ）」「行け」「待て」などです。日常ではあまり使わないかもしれませんが、命令形が短くできているのは、その機能のためです。コーヒーのケースでは、もし「ストップ」という命令形の代わりに「その辺でボチボチ止めてください」などを使うと、その言葉をいうあいだにもミルクが、どんどん注がれてしまいます。

命令形は、緊急時などにもよく使われます。しかし、フレーズを短くすると、指示

お金
OK!

の内容は簡素でわかりやすくなるのですが、命令がどんな理由によるものなのかがわかりにくくなります。その状況を説明する品詞や形容詞などが省略されるからです。そんなケースでは、サイン・ランゲージが役に立つのは先に説明した通りです。

けれども、命令形ではないニュートラルなフレーズにもサイン・ランゲージを使ったり、パラ・ランゲージを加えたほうが誤解が少なくなることがあります。

たとえば、会話をストップさせ、注意深く周囲を見回し、前屈《まえかが》みで小声で話し出せば「他言無用」であることを伝えることができます。こうしたサイン・ランゲージを使う利点は、相手に状況をよく理解させ、それが信用に値することのように印象づけられるところにあります。

ときには、言葉で聞くだけでは信じられないことも、相手がパラ・ランゲージやサイン・ランゲージなどの態度で表すと、とたんに信用されることがあります。「ヘビは苦手」と言葉を重ねるよりも、ヘビの話題になったときに、その人の顔色が青ざめ、両手のひらを相手に向け、声が震えたりすれば、周囲の人間は「どれくらい嫌いか」ということをすぐに理解するはずです。「百聞は一見にしかず」というのは、まさにその通りで、同じ意味のことわざは、世界中で見つけることができます。

サイン・ランゲージを効果的に使うには？

サイン・ランゲージを効果的に使うのは難しいことではありませんが、いくつかのポイントがあります。

一つ目は、普段会話をしているときに、意味のない、余分なゼスチャーをできるだけしないことです。話しているときに、手を動かすクセのある人は、それをやめるようにします。会話の最中に意味もなく手をヒラヒラすると、周囲の人の視覚情報を遮断してしまいます。実際にサイン・ランゲージを使おうと思ったときに、相手が目を背けていては役に立ちません。音楽を聴くときに、ノイズが多いとメロディがよく聴こえないことと似ています。会話におけるノイズになるような手の動きは、極力やめるべきです。

二つ目のポイントは、サイン・ランゲージはコミュニケーションとしての記号のひとつですので、共通の理解がなくては成立しません。「もう少し大きな声で」という意味のサイン・ランゲージなら、人差し指を立てて耳の裏側にあてるしぐさ、という具合に見た人がすぐに理解できることが大切です。

私がつとめてマジックの演技の中に取り入れているのは、手のひらをできるだけ上に向けるというサイン・ランゲージです。祝儀の手打ちのときの形と説明するとわかりやすいかもしれません。これは、手に何も持っていないというだけではなく、「隠し事はしていない」「喜ばしいこと」を意味します。

逆に「このセリフは、観客にウソだと思われたい」ときは、片手を背中に隠すこともあります。たとえば、証拠を何も見せずに「あなたの選ぶカードをはじめから知っていた」などという場合です。元々はキリスト教圏内で「ウソをいうときに後ろ手の指でクロスをつくる」習慣から派生したモノですが、現代ではどの文化でも同様のサイン・ランゲージになっているといえます。

興味深いのは、サイン・ランゲージは派手で大きなゼスチャーを使う必要がないところです。たとえば、古典的な誘惑のサイン・ランゲージが片目を一瞬閉じるだけというのも、とても小さなサイン・ランゲージですが、その効果は絶大です。

人を指差すなど、見る人を不快にさせるサイン・ランゲージは絶対に使わないようにします。外国では、人前でツバを吐いたことが原因で思わぬトラブルに巻き込まれてしまうケースもあります。

二十一世紀的なサイン・ランゲージ

テクノロジーが発達して、私たちのライフスタイルも大きく変わってきました。それに伴い、以前から使われていたサイン・ランゲージが古くさく的外れなゼスチャーになってしまうこともあります。

たとえば、「電話をする」というサイン・ランゲージのときにダイヤルを指で回すゼスチャーをする人がいますが、ダイヤル式の電話を知らない世代には、意味が通じません。拳を頬にあてた、固定電話の受話器を握るしぐさも、携帯電話が普及した現代では少数派になることと思います。小さく、軽くなった携帯電話をつかむように、親指と残りの指を耳にあてたほうが、見る人にイメージしやすいかもしれません。もし相手が、「連絡してね」とキーボードをタイプするようなゼスチャーをしたら、それは「メールで」という意味です。

行動学者のデズモンド・モリスは、「人間は毎日、何百のゼスチャーを用いている。それらのゼスチャーはそれぞれが独自の歴史を持っているのである。あるものは個人的な、あるものは文化的な、あるものはもっと深い動物的な歴史を持っているのである」と述べます。

そんなサイン・ランゲージに、使う側も見る側も、もう少し注意深くなれば、より言葉でのコミュニケーションもスムーズになるのではないでしょうか。

Part 6

上手に秘密を隠すためには?

Number 17

ステガノグラフィ

ステガノグラフィとは？

マジックの秘密がわかりにくいのは、「いつどこで秘密の動作をしているかがわからない」という理由にあります。もし、仮に「これから秘密の動作をします」と宣言すれば、観客はどこで秘密の動きが行われるのかを注意深く観察することができます。しかし、マジシャンはそんな宣言はしませんし、もし、したとしても、それを宣言したときには、もう秘密の動きが終わっていることがほとんどです。

こうした概念はステガノグラフィと呼ばれます。本来は暗号の歴史の中の隠匿《いんとく》技術を指した言葉です。多くの人に知られている暗号は、クリプトグラフィと呼ばれ、暗号文は見ることができるけれど、読むことができないタイプのものです。これに対してステガノグラフィは、「秘密の文そのものが、どこにあるのかわからない」という手法です。コンピュータの世界での、写真データなどの著作権を守るための「デジタル・ウォーターマーク」や「電子透かし」はその応用技術です。

言葉に埋め込まれた秘密

日常会話の中の何気ないフレーズに、秘密の言葉が紛れ込むことがあります。

殺人事件があり、被害者の家族の一人がテレビ局のインタビューに「早く犯人を捕まえに来てほしいですね」と答えたことがあります。しばらくして、そのインタビューに答えた家人が容疑者だったことが判明し逮捕されました。本人は「捕まえてほしい」と答えるつもりだったのでしょう。しかし、思わず「捕まえに来てほしい」という、自分が犯人であることを打ち明けるような発言をしてしまいます。

普段の生活では、このような重大な秘密を隠し持っていることは、極めて稀《まれ》でしょう。しかし、会話の中では、ほとんどのことが省略されて説明されず、いくつかのことが隠されて、残りで話が進んでいきます。友人と会ったときに、自分が朝起きてからの出来事を順を追ってすべて話していたら何時間もかかってしまいます。実際には、そのときに適しているであろう話題を選びながら会話は進んでいきます。故意に何かを隠そうとしなくても、選ばれないエピソードが常に会話の背後に潜んでいるのは当然です。

日本人は普段、一秒間に二〜三文字の言葉を発声します。民放の報道番組では一秒間に八文字以上発声されることもあります。品詞はまだしも、接続詞や語末などは、瞬間的に選んでいるといっていいほどです。

ですから、相手に伝えるつもりがない出来事の断片を、知らないうちに言葉の中に埋め込んで話してしまうことがあります。

誤解しないでいただきたいのは、相手のプライバシーを詮索しようという意味ではありません。「消防署のほうから来ました」という詐欺師のセリフを聞いたときに、「ほう」という言葉の断片に埋め込まれた「言い訳がましさ」を感じるといえば、わかりやすいかもしれません。

話す相手が友人であっても同様です。「心配させまい」という相手の気遣いから、健康上や仕事上の障害を隠すことがあるかもしれません。その人が気丈に振る舞ったとしても、何か腑に落ちない言葉の断片があれば、それに対して考察してみることは、ムダなことではありません。「相手の気持ちを察する」ためには、ヒントを見つけることから始めます。

仕事上の話であれば、外部に公開できないことのほうが多いことすらあります。そんな会話の中で、相手のいったフレーズの中に埋もれた言葉のブレに敏感であることは、重要とさえいます。

もちろん、単なる言い間違えにすぎなかったり、相手が接続詞に無頓着だっただけ、ということもあります。けれども、会話の中で何か引っ掛かることを感じたら、それを気にとめておくことはムダではありません。

秘密を見破られない二つの方法

確実ではないにしても、言葉の断片でウソがわかるのなら、相手のウソを知る手立てがあるのと同様に、こちらのウソも相手に知られてしまうことになります。それに対抗するには、本書で繰り返し述べているように、できる限りウソをつかないということです。

ステガノグラフィは、そこに秘密が隠されていることを知られないことが基本です。疑われないことが大前提なわけです。そのためには、相手から信用を得なければならず、ウソがつけなくなります。そうすると、ステガノグラフィも使う必要がなくなり、ジレンマに陥ることになります。

もうひとつの対抗策は、逆にウソを多くつくということです。「木を隠すなら森の中」のたとえにあるように、ウソが多くなれば、相手はどこに今回のウソが紛れているかがわからなくなります。「ウソで塗り固める」というのは、こんな状態をいうのでしょう。

しかし、これは人間関係に使うことには向いていません。なぜなら、確かにウソは見破られることはなくなりますが、ウソをつくことによって相手からの信用がなくなれば、騙《だま》す相手も周囲からいなくなってしまうからです。

結局のところ、ウソや隠し事は、それが知られたとしても自分の信用をなくさない範囲でのみ使うことです。それがウソを利用することの秘訣です。

Number 18

マジシャン顔負けの不思議なセリフ

不可解な論理

世の中を見回すと、マジシャン顔負けの不思議なセリフを見かけることがあります。聞いたり、読んでいると、何となく、そのセリフが正しいような気分になってしまいます。

そんなときは、手近な紙に何となく書きとめておきます。そして、その言葉のどこに不可解さが隠れているのかを検証してみることにしています。少しだけそのメモの内容を紹介します。なお、文章は本書に掲載するために再構成しました。特定の個人、団体、組織、商品を指すものではありません。

●超常現象研究者のセリフ

「これだけの資料がありながら、超常現象を認めないなんておかしいですね。それなら、超常現象がないって証明できますか」

メモ 資料の証拠能力を立証していない。「ないことを証明しろ」というのは立証責任の転嫁。マジシャンとしての仕事がなくなったら、転職して使おうと思っています（ウソ）。

●あやしい水の広告

「健康に良いとされる水には○○という物質が入っているからです。だから、○○を混入したこの水は健康に良い。なぜなら、健康に良いとされる水には○○が入っているのだから」

メモ 循環論法。もし、自分の宣伝に使うとすると「彼はスゴいマジシャンだ。だから、スゴいマジックをする。なぜスゴいマジックかというとスゴいマジシャンがやるからだ」。やっぱりダメかもしれません……。

●健康医療器具

「○○大学の研究機関である○○でもその安全性は保証され、○○学会に認定された……」

メモ 権威主義。主従の力関係が奇妙。大学、研究機関、○○学会という肩書きのほうが商品より前面に出すぎて、売る側が商品に不安を感じていそう。大学でも研究機関でも優秀なところもあれば、そうでないところもある。そこで働く人も優れた人もいれば、そうでない人もいることを忘れないでください。

ポケットにメジャーを入れる

私の趣味は、部屋の壁を塗り替えたり、レンガを積んだり、ガーデニングなど、インテリアに関わることです。国内外の建築、インテリア書籍、雑誌もよく買うほうです。気に入ったイスやテーブルがあれば、たくさんは買えませんが、検討をします。

そんな買い物のときに、ポケットにメジャーがあると役に立ちます。金属製なので少しかさばり、あまり軽くはありません。しかし、それでもメジャーを持ち歩くのは、買った家具が部屋に届いたら、大きさがイメージと違う、部屋のドアを通らなかった……という経験を何回もしたからです。

確かに、同じテーブルの大きさが、店で見るのと部屋で見るのとでは、違って感じるのを毎回不思議に思います。ただ、その錯覚は対処できるものです。当たり前の話ですが、店での一センチは、家での一センチと変わりません。それは、感覚に左右されない基準となる長さです。買い物の場合は、カタログに記されたサイズや、ポケットに入っているメジャーです。そのおかげで、部屋に置いた場合のイメージを、かなり正確に想定することができます。

余談ですが、その長さの基準になる「メートル原器」は、各国に置かれていて、メジャーなどを製造するときの基準に使用したそうです。確かに、国によって一メートルのサイズが微妙に違えば、昔ならまだしも、輸出入の多い現代では、大変困ることになります。

私は、「論理」という言葉の多用はあまり好きではありません。しかし、とても役には立ちます。何かに不安を感じたときに、その説明が合っているかどうかという判断を自分で下すことができるからです。「論理」は、ポケットに入れておく、少し重くてかさばる金属製のメジャーによく似ています。

メジャーを取り出すタイミング

しかし、ポケットからメジャーを取り出すタイミングには、用心が必要です。たとえば、知人の家に遊びに行ったときに、「素敵なテーブルですね。ちょっとサイズを……」といってメジャーを取り出すのは奇妙な行動に見えます。ましてや「貴女はスタイルがいいですね。ちょっとサイズを……」といってメジャーを出せば、平手打ちされるか、警察を呼ばれかねません。それと同じように、論理を持ち出すのは時と場合にもよります。

日常の何気ない会話や世間話に、厳密な論理性はあまり必要ではないかもしれません。一般論では合っていても、前提条件が違えば、結果は異なるからです。

しかし、「不可解な論理」で取り上げたいくつかの例は、議論や商品や広告など、その内容にある程度の論理性が必要であると思います。

もし、その商品を、色や香り、使い心地、買う楽しみといった感性によってのみ購入するのであれば、何もいうことありません。しかし、その機能にも価値を見出すならば、その効果は、論理的に説明されるべきです。

それは、家具を買うときに、色やデザインは好みで選ぶことができますが、「長さ百二十センチ」と表示されたテーブルを家に持ち帰ったら、サイズが全然違っていたというのでは困るのと似ています。

Number 19

マジシャンが頭の中に描くこと

同じマジックでも場面によって意味は異なる

マジックをするときには、まず、そのマジックをする理由を探すことから始めます。もし、誰かの子供の誕生日で、それを祝うためにするのであれば、その会に向いたマジックとセリフがあります。あるいは、誰かがパーティーを開き、そのパーティーに来場するゲストを歓迎するためにマジックをするなら、それに向いたマジックとセリフがあります。

もしも何も考えずにマジックを見れば、すべてのマジックはまったく同じに見え、セリフの言葉はすべて同じに聞こえるかもしれません。しかし、私にとっては、それぞれがまったく違うマジックなのです。

それは誰もが使う「こんにちは」という言葉が、住まいの近所の人にかけるとき、会社の同僚にかけるとき、クライアントにかけるとき、自分の憧れの人と出会ったとき、それぞれに言い方や意味合いもまったく違うことに似ています。

もしかしたら、「いや、そんなことはない。私は誰にでも同じように声をかける」と反論する人がいるかもしれません。自分では同じに感じても、実はまったく違っていることは、めずらしいことではありません。似て非なるものは、世の中の物質や事象だけでなく、人の態度や言葉にも多くあるのです。

頭の中に描くこと

プロの写真家と一緒に仕事をすると、「頭の中に、○○を描いて」などといわれることがあります。不思議なことに、そのことを頭に描くと、写真家は「そうです。そうです」と、私の心を読んだかのようにいいます。

ボイス・トレーニングやリーディング・レッスンなどでも、先生は「そのセリフは、○○をイメージしながら、声を出してください」「こういう手振りをしながら、話すと良いでしょう」というアドバイスをたびたびします。

二種類のプロのアドバイスは、頭に描いたことや感情が、声や言い方、表情などに表現されることを示唆しています。ファッション・モデルやナレーターは、良い資質を持っているというだけでなく、その内面を表現することが上手なのでしょう。

私たちは、表現のうまいヘタはあったとしても、感情や頭に描いたことを素直に表してしまうことが多くあります。そして、私たちは、心にもないお世辞に対して軽蔑したり、慇懃無礼《いんぎんぶれい》さに腹を立てたりします。

ですから、私はマジックをするとき、その理由を求め、それを頭の中に描きます。それは、「そのときに、観客を好きになる理由」と述べてもいいかもしれません。「観客を好きなフリをする」よりも、「実際に観客を好きになる」ほうが、ずっと自然だからです。

「切れたロープがつながる」というトリックは、物理に反した現象だけを観客に提示しているわけではありません。誰しもが望む、壊れた愛情や友情が復活してほしいという願望をシンボライズしたものです。もしマジシャンがそうしたことを頭に描い

てセリフをいったとしたら、観客は潜在的な欲求が満たされて、そのトリックを好きになることでしょう。

クオリアは維持できない

最近、ときどき目にする「クオリア（qualia）」という言葉は、「特性」や「質」を意味するラテン語で、英語の「quality」の語源でもあります。一九二九年にアメリカの哲学者C・I・ルイスが著書の中で「経験の中の特質」をそう呼んだことから、何かを見たり、聞いたり、触ったり、嗅いだりするなど、対象と接したときの感覚の質を指します。たとえば、夕日の赤さを見たとき、誰かのピアノの演奏を聴いたときに「スゴいなぁ」「きれいだなぁ」と言葉に表す元になるモノです。

夕方、海岸で夕日を見て、家に戻ってベッドに入ったとき、「夕日は、スゴかったなぁ」と感動した経験を振り返ることはできます。目を閉じて、そのときの映像を思い出せるかもしれません。しかし、夕日を見たときに心の中でわき起こったクオリアを再現することは困難です。本物の夕日を見たときに思わず「きれいだなぁ」といったときと、夜にそのことを思い出して「きれいだったなぁ」というのでは、やっぱり違うわけです。

相手を美しいというならば

意識的にクオリアを再現できないのであれば、「頭の中に何かを描いて写真に撮られたり、マジックをしたりするのはムダではないか」というと、そうでもありません。

「楽しい」「悲しい」といった感情は、意識で直接コントロールできないといわれています。しかし、楽しかったこと、悲しかった出来事を思い出すことなどによって、間接的にその感情を生み出すことはできます。それは感情だけではありません。キャンプ・ファイアーの木の焼けるにおいを嗅いだことにより、そのクオリアが子供の頃の記憶を思い出させるキッカケになることもあります。どう振る舞ったら良いかを知るためには、そうしたときの光景を頭に描くことはムダではないのです。

たとえば、誰かのアクセサリーを褒める場合でも、それに素敵さを感じたときに褒めれば、言葉の技巧を駆使しなくてもすみます。もし、褒めるタイミングを失い、後日、それを褒める場合は、そのアクセサリーを身に着けているシーンを頭に描きながら褒めたほうが、描かないよりも、ずっと賞賛の意図が伝わります。

空間を把握する

何かを頭に描いて話をすることの利点は、真実みが増すということだけではありません。過去に訪れた旅行先の風景、建物などの思い出を話すとき、誰かに道を案内するときなどにも役に立ちます。

よく、道案内が苦手であるとか、旅行のことを話すのが得意ではない人がいます。しかし、頭の中にその情景を浮かべ、心の目で見たものを順に口に出していくことはそんなに難しいことではありません。「五十メートル行った先を右に曲がって二つ目の信号を左、三百メートル先を……」と数値を並べて説明するより、頭に描いた風景をたどって「しばらく行くと、赤いポストがあるので、そこを右に入って、イチョウ並木の通りをずぅ〜と行くと、変な黄色い看板があるから……」などと説明したほうがその道を通る人にとってはわかりやすくなります。

なぜなら、同じ五十メートルといっても、その地形や道のつくりによって距離感が変わってしまうからです。たとえば、鎌倉の八幡宮の参道は、海側の道幅が広く、入口に近くなるにしたがって道幅が狭く高くつくられています。これは、海側から参拝したときに、遠くに大きな社が立っているように錯視（目の錯覚）するように設計したからです。

これは、故意に錯視するようにつくったケースですが、同じ五十メートルでも、建物や道路の高低、道幅の変化で正確に見えないことが意外に多くあります。もし道を聞いた人が車で距離計を見ながら移動できたり、歩行者でも何メートルと説明されるほうを好む人であれば、その限りではありません。いずれにしろ、人間どうしで空間を認識するのであれば、数値よりも、頭に描いた風景をもとに表現した説明のほうが相手に理解されやすいのは、そんな理由からです。

Number 20

声のトーンを差別化する

大事なことは小声で話す

友人のヘア・スタイリストは、世間話をするときは普通の大きさの声で話します。車の話やファッション、家族のことなどです。しかし、ときどき小声で話をします。どんな秘密の話かと、耳をそばだてると、「前髪の長さはどれくらいにしますか？」と美容師として、当たり前の質問です。そのたびに、他人に聞かせられない美容業界の秘密でも打ち明けられるのかと期待するのですが、肩すかしを食らうばかりです。

しかし、考えてみれば、「どんな長さにするか」「カラーの色は、どれくらいか」など、どれもヘア・スタイリストと私の関係にとっては重要な内容です。世間話と同じ音量で会話をすると、万が一、空返事をしてしまう可能性があるからでしょう。

髪を切られるときなど、人はときどき、意識の半分で話を聞き、同時に他のことを考えてしまうことがあります。そんなときに世間話に混じって、重要な対話を求められると、うまく頭を切り替えられないことも少なくありません。彼が、あえて大切な話を小声でするのは、そんな理由があるのです。

声によるプライオリティづけ

私が住んでいた地域では、行政からの緊急の放送、たとえば「大雨警報」や「台風警報」などは男性の声で、地域のインフォメーションなど、緊急でないものは女性の声でと決められていました。もし、早朝に、スピーカーなどで男性の声が聞こえたら、緊急の内容ですから、ベッドから出るなどして、その放送内容に集中することができます。もし、女性の声であれば、第一声を耳にするだけで、安心して聞くことができます。

このように、方法として「これは重要な話」「これはそれほど重要でもない」というプライオリティが、話のすべてを聞き終える前にわかることは、とても合理的なことです。文字であれば、アンダーラインを引く、太字にする、枠で囲むなどの変化をつけることができますが、言葉では変化がつけづらいものです。

しかし、先に紹介したヘア・スタイリストの小声のように、声の音量を差別化したり大切な話をする場所を決めたり、「大切な話をするときは必ず座る」「沈黙をつくる」など、工夫することが大切です。

電話のときはブロックで話す

このようなプライオリティづけは、実際に目の前で会話をする場合には役立ちますが、電話での会話には意味をなしません。携帯電話などには、周囲のノイズを検知して声をクリアにしたり、マイクの感度を調節する機能を持つものもあります。小声で話したからといって、その音量が確実に相手に伝わるとは限りません。

そんなときは、大切な話と近況報告などをブロックで分けると効果的です。大切な話をするブロックの中に、世間話は入れないようにします。

最初に大事な話をして、相手に時間があれば世間話に移ってもいいですし、ナイーブな話ならば、最初に世間話をして相手をリラックスさせてから本題を切り出してもいいでしょう。世間話と重要な話、どちらが最初にという決まりはありませんので、自分や相手に合ったブロック分けにします。

ブロックではなく、通話を分ける方法もあります。大切な話で一回の通話を終わらせ、しばらくして、世間話の電話をすることもできます。相手がフリーランスではなく、オフィスで仕事をしているのであれば、勤務中には業務に関すること、休憩時には世間話というほうが、相手に気を遣わせる必要がなくなります。

人によっては、大事な用件は携帯で、プライベートな話はメールでという分け方もあるようです。また、メールアドレスを複数持ち、アドレスで公と私を分けるという人も少なくないでしょう。

あとがき

いまから六年ほど前に、子供向けに一冊のマジックの本を上梓《じょうし》しました。書店に行くと、マジックの本はズラリと並んでいて、なかにはプロが読んでも感心するものもあるほどです。そんな本があるなか、私が子供向けのマジックの本を出した理由は、どれもマジックが成功することばかりが前提で解説されているものがほとんどだったからです。

本書は、最初に出した本の大人向けともいえます。マジックの代わりに、言葉について解説をしています。世の中に多くの会話法の本があるにもかかわらず、言葉を題材に選んだのは先に述べた子供向けのマジック入門と同じです。正しい言葉遣いは大切ですが、それればかりにとらわれていると、会話や人と会うことに臆病になってしまうこともあります。

完璧な言葉ではなくても、相手を思う強い気持ちといくつかのルールさえ守れば、人間関係がうまくいくこと、真意が伝わること、さらに友好を深めるシーンはあるはずです。

逆に、言葉が完璧であっても、人をイヤな思いにさせることもあります。誰かに対して「ノー」というときは、お互いにいい気分にはなりません。しかし、さらなるトラブルに発展してしまう原因のひとつに言葉の選び方があることは確かです。

そんな「言葉遣いを超える態度」を探し求めたことが、本書を執筆するキッカケになりました。マジックの解説本ではなく、ソシアル・スキルを紹介する実用書の出版の機会を与えてくださった日本実業出版社の長谷川和俊さんの英断に、素敵なイラストを寄せてくださった江田ななえさんにこの場を借りて感謝いたします。

参考文献

『詐欺とペテンの大百科』　カール・シファキス　鶴田文訳　青土社
『ボディウォッチング』　デズモンド・モリス　藤田統訳　小学館ライブラリー
『問題な日本語』　北原保雄編　大修館書店
『俳優の仕事』　K・スタニスラフスキー　千田是也訳　理論社
『進化しすぎた脳』　池谷裕二　朝日出版社
『ジェスチュア』　デズモンド・モリス　多田道太郎・奥野卓司訳　角川書店

前田知洋（まえだ　ともひろ）
1988年、米国アカデミー・オブ・マジカルアーツのオーディションに合格。ハリウッドのマジック・キャッスルなどに出演。帰国後、日本で初めてのクロースアップ・マジシャンとして活躍し、近い距離で見せる「クロースアップ・マジック」のブームをつくる。
ラスベガス、ハリウッド、イギリス、スペイン、ドイツなど海外にも招聘され、2005年にはチャールズ皇太子もメンバーである英国マジック・サークルの100周年記念祭特別ゲストに。同会の最高位であるゴールドスターメンバーを授与される。
著書に『知的な距離感』（かんき出版）などがある。

人《ひと》を動《うご》かす秘密《ひみつ》のことば
なぜあの人《ひと》は心《こころ》をつかむのが上手《うま》いのか

2007年11月10日　初版発行

著　者　前田知洋
発行者　上林健一

発行所　株式会社日本実業出版社　東京都文京区本郷３－２－12 〒113-0033
大阪市北区西天満６－８－１ 〒530-0047
編集部 ☎03－3814－5651
営業部 ☎03－3814－5161　振　替　00170－1－25349
http://www.njg.co.jp/

印刷／厚徳社　製本／若林製本

この本の内容についてのお問合せは、書面かFAX（03－3818－2723）にてお願い致します。
落丁・乱丁本は、送料小社負担にて、お取り替え致します。

ISBN 978-4-534-04308-5　Printed in JAPAN